# 文创 2017

## CULTURAL INNOVATION

袁源  谢峥  乔涢  姬连强  赵磊  著
蒋德嵩  特邀执笔

# 目 录

**序　供给侧改革下的文化产业** ............................................. 3

**年度报告　八千里路云和月** ............................................... 5

导语　算好春常在 ............................................................ 7

上篇　改革的历程、逻辑和未来观察 ...................................... 11

　　第一章　他山之石 ..................................................... 11

　　第二章　刍议中国经济转型 .......................................... 22

　　第三章　供给侧改革与文化产业 ..................................... 42

中篇　新技术、新商业和新趋势 ........................................... 57

　　第四章　可预见的未来 ................................................ 57

　　第五章　文化产业的产业价值链要素 ............................... 64

下篇　上尽层楼更上楼 ..................................................... 73

　　第六章　循序渐进，翩翩起舞 ....................................... 73

　　第七章　文化中心基金的探索与实践 ............................... 97

**季刊　中国股权投资行业发展观察与思考** ............................ 103

序　春水微澜，静水流深 .................................................. 105

困惑中前行 .................................................................. 107

羊群效应 ..................................................................... 110

以专注实现专业 ............................................................ 115

搭建企业集群平台·················································117

构建生态体系·····················································119

产业融合的推动者·················································121

**季刊 中国文化创意产业景气指数（2016年）** ················ **123**

序 因为创新，所以更迭·········································125

研究方法与释义···················································127

2015年中国文化创意产业景气指数································131

中国文化创意产业：2010–2015···································133

主要子行业景气状况···············································137

  文化艺术服务················································137

  新闻出版发行服务············································140

  广播电视电影服务············································143

  软件和信息技术服务··········································146

  广告和会展服务··············································149

  工艺美术品生产与销售服务····································152

  设计服务····················································155

  文化休闲娱乐服务············································157

  文化用品设备生产销售及其他辅助服务··························159

附录 数据来源···················································163

**后记 春晓晨星，将以有为** ································· **165**

**关于我们** ················································· **167**

# 供给侧改革下的文化产业

文 | 赵磊[1]

在当前国内经济转型与社会转型双重效应叠加的大背景下，要使供给体系更好适应需求结构变化，"落实好以人民为中心的发展思想"[2]，不能只关注于对过往发展模式和经济模式的修修补补或简单升级。着眼经济与社会并举并重"双发展"和长期可持续发展，这是各行各业实践供给侧改革的真正挑战。从这样的战略高度思考，文化产业是较为理想的供给侧改革先导产业，其繁荣大发展的意义十分突出。

首先，文化产业繁荣发展迎合当前国内市场主流消费需求。中国经济发展与居民消费水平的提升，对文化消费的需求明显大幅提升。目前，国内文化产业保持着总控规划与局部繁荣的发展格局。在供给端，社会快速进步变革，但符合社会发展主流价值观的内容仍较为缺乏，能够在国际市场推广中国文明和文化的内容也不多，消费者的有效需求满足性不高。破解供给难题，从深化改革的角度看，应加大文化产业的对内开放程度，鼓励和促进各路资本和文化企业间的融合，做大做强文化企业集团。进一步从供给侧改革角度看，应加大内容产业和文化产业发展基础设施方面的政策支持，包括投融资和财税政策等，促进文化内容和产品能够在主旋律和主流市场创造更多的市场增量效应，提升有效供给水平。

其次，供给侧改革的目标是"落实好以人民为中心的发展思想"。文化产业的核心创造载体是人，其产品体现了人与人、人与社会的关系，优秀的文化产品最终会影响到人与社会的进步。文化产业属于知识和创意创新经济范畴。发展文化产业，核心就是挖掘人力资本价值，发展知识与创意经济，通过好的内容和产品作用于人以拓展社会关系及其和谐性。这一点体现了文

---

1 北京市文化中心建设发展基金管理有限公司董事长。
2 引自 2016 年 1 月 26 日中央财经领导小组第十二次会议习近平总书记讲话。

化产业发展对社会发展及供给侧改革的突出意义。

第三，文化产品除了自身具有较强消费价值，其更有庞大的衍生市场，可以直接和间接地拉动各种产业发展和商品销售。从发达国家看，文化经济的市场和产业拉动效应甚至远高于房地产经济。此外，文化产品消费属于典型的边际消费——经典永不过时，好的内容及其衍生市场（IP消费）会给文化产业繁荣发展带来持续的循环增长空间。对于供给侧改革，这是量价齐升的好结果。

第四，文化产品受众广，易于传播，便于消费，能够很好地适应中国特有多样化社会层次——文化产品或许是最能够体现"共同富裕"的消费品。特别是，互联网和移动互联网的发展，文化生产准入门槛降低，生产成本降低，效率大幅提升。人人都是演员，人人又都是消费者。供给侧改革应大力扶持文化产业的全民创造和创新。政府同样可以利用市场的手段和技术的工具，搭好平台，管理好内容和用户入口，以确保社会主流发展价值观得以有效传播。

综合来看，文化产业兼具普惠性、大众性、知识性、消费性及显著的市场增量性，是供给侧改革较为理想的先导产业及市场抓手。大力发展文化产业，既是经济发展所需，更是社会进步的必然结果。解放思想，实事求是；搭好平台，管好入口；巧用技术，鼓励创新；经济为主，社会共赢。以上，是文化产业繁荣大发展值得探讨的总体思路。在供给侧改革的指引下，中国文化产业繁荣大发展值得期待。

# 八千里路云和月

算好春常在

2017 年度报告·文化中心智库

# 算好春常在

在经历了30年的经济飞速发展之后，中国再次寻求转型与变革。过去，中国采取的出口导向型经济发展模式激励"中国制造"不断壮大，成为中国经济立足全球化的重要资本。现在，这种模式的不可持续性和不可复制性开始显露。按发达经济体的发展经验看，从劳动密集、资本密集向知识密集制造业转变并非一日之功，主要有两方面挑战：其一，高端制造需要更高超的技能，要有能够培育出有利于知识和技能传承的社会制度体系、工业精神和商业文明；其二，要营造出一个富于创造和激励创新的商业环境，这将极大地考验人们放弃既得利益的勇气、决心和信念，包括思维定式、利基市场、方法惯性、利益相关者关系等干扰因素。相信"中国制造"的未来转型会达人所愿，但关于经济转型，发达国家传统工业化及经济转型路径是中国所必须要遵循的么？

2008年金融危机以来，国内企业第一次真正感受到繁荣经济背后的全球经济失衡（Global Imbalance）对缺乏创新力和业务模式简单的出口型企业带来的冲击。暗藏其中的潜在性危害和结构性矛盾告诫我们，中国经济转型不能仅仅依靠制造业的内敛式自我变革，需要找到有利于促进结构性调整的新出路，需要学会两条腿走路。此外，全球正处于新一轮、大规模技术创新驱动商业社会变革的浪潮，各个国家和地区都处于改变与被改变的环境之中。从出口经济到内需经济，从制造文化到消费文化，中国经济与社会的转型需要以更广泛的视角和思维创新，大智大勇，创新变革。

生产力和消费能力的充分释放需要通过深化改革来实现。在充满变革的内外大环境中，改革既不能脱离中国社会现实，也不能因循守旧。回顾既往改革历程，梳理每个阶段改革目标和相互间的逻辑对于社会发展的现实意义，对于理解进一步深化改革的任务、目标和手段都至关重要。

北京市文化中心建设发展基金管理公司（简称"文化中心基金管理公司"）

自 2015 年 8 月成立以来，秉承改革进取、务实创新；点面结合、稳中突破的投资发展理念。与传统投资基金重投资分析不同，文化中心基金高度重视以历史观、发展观和哲学观确立自身的投资理念和投资哲学；从理念创新到实践创新，为中国经济与社会转型及推动北京市文化中心建设和区域经济发展，作出更加积极的贡献。为了更加扎实有序、科学严谨的研究、完善并推广自身的创新发展理念，文化中心基金于 2016 年 8 月创建了北京文化中心智库（CCRD）。文化中心智库的定位是：以战略问题和公共政策为主要研究对象；以服务党和政府科学民主依法决策为宗旨；围绕经济与社会发展和北京市文化中心建设目标，建设具有相当水准的公共研究机构，形成多层次的学术交流平台和成果转化渠道。文化中心智库致力于成为政策与市场的连通器，助力中国文化创意产业市场化改革，促进文化产业繁荣发展；促进北京文化中心建设与发展的产学研一体化业务管理体系与商业生态圈的构建；建立行业标准，推动市场联动，放大资本效应，构建全球布局。

近年来，国内文化创意产业繁荣发展。特别是互联网、移动互联网和移动终端等创新技术和产品的普及应用，增强了文化产品和服务的供给与消费能力，网络剧、手机游戏、直播等业态愈加受到大众关注。然而，市场的全面繁荣也带来了很多负面性，色情、三俗等文化内容充斥在各种媒体平台，内容盗版现象依然严重。这些看似刺激了文化消费的市场现象却实质伤害了中国文化产业长期健康发展的根基，也不利于主流向上的社会价值观的传递。

文化产业该如何变革发展？文化产业的社会效应和经济效应该如何衡量？对于促进供给侧结构性改革，文化产业的意义是什么？在技术和产品创新浪潮冲击下，文化产业未来的发展形态、供求关系、市场竞争将会呈现怎样的形态？在产业融合发展和跨界创新的趋势下，文化产业又会居于怎样的位置呢？

面对一系列待解话题和需要深入思考的发展问题，文化中心智库自成立起将新常态和供给侧结构性改革目标下的文化产业如何发展，作为中心研究课题。在过去 4 个月期间，我们从历史的观点和哲学思辨的角度，对中国改革开放历程和核心逻辑做了系统梳理；我们也分析研究了当前改革的压力和挑战，深入理解供给侧结构性改革的目标和方法。在此基础之上，我们对当前国内外较为活跃的文化产业现象、产品和服务及代表性企业做了大量实证案例研究；我们还从技术创新、商业模式创新、产业融合等多个角度，对文化产业的创新路径做了探讨性思考。

CCRD将阶段性研究成果汇集成为年度报告《文创2017》，由主体报告《八千里路云和月》、《春水微澜，静水流深——中国股权投资行业发展观察与思考》、《旧人去，新人来——中国文化创意产业景气指数（2016年）》三大部分组成，共计10余万字。其中，主体报告《八千里路云和月》约8万字，包括上、中、下三篇共七章节。

### ● 上篇：改革的历程、逻辑和未来观察

第一章"它山之石"：通过国际比较和经济发展要素分析，对当前中国经济发展所处的阶段、路径和模式做出了总结思考。重点指出了实现均衡发展和可持续发展对转型中国的重要性。

第二章"刍议中国经济转型"：从改革的历程和逻辑角度看，推动供给侧结构性改革必须注重转轨经济特点和中国国情，在稳中求进的基础之上重点推进知识经济和创新经济发展，以供给端创新和供求关系出清实现全社会劳动生产率的提升，进而实现劳动回报率的提升。在经济和社会转型的过程中，努力实现共同富裕的社会总体发展目标。

第三章"供给侧改革与文化产业"：从文化产业特点的角度论述，文化产业可以成为供给侧结构性改革的排头兵。特别是在创造增量、优化存量等方面，在文化产业繁荣大发展的基础之上拉动各行各业并行发展，将文化产业的"精神食粮"融入到各行业中，从而实现经济发展与社会发展、物质文明与精神文明齐头并进的发展态势。

### ● 中篇：新技术、新商业和新趋势

第四章"可预见的未来"：认清发展大势，从商业发展趋势展望的角度，对文化产业创新变革的方向和商业模式进行了探讨，提出了产业价值链概念和要素管理模型，并对文化产业价值链要素管理的结构进行了分解。技术创新、融合发展、用户价值管理是文化产业发展和竞合关系构建的重要方面。

第五章"文化产业的产业价值链要素":基于不同利基市场的核心管理任务和各自资源整合优势,将在文化产业的产业价值链要素划分为三种类型:基础性要素(内容和产品)、价值性要素(知识和技术创新力)和竞争性要素(传媒与资本)。通过对产业价值链要素管理的解构,分析了文化产业的内部市场解构、价值关系和资源整合体系。

- **下篇:上尽层楼更上楼**

第六章"循序渐进,翩翩起舞":在明确了文化产业发展之"道"和商业发展大"势"之后,结合文化产业特点和知识创新、技术创新、商业模式创新,提出了中国文化产业发展的"云端路网"战略。在此基础之上,从产业价值链要素管理的短、中、长期建设的角度,结合技术创新、服务社会和国家软实力提升的战略规划,建设性提出中国文化产业发展的重点发展布局。

第七章"文化中心基金的探索与实践":文化中心基金成立以来,秉承改革进取、务实创新;点面结合、稳中突破的投资发展理念,透过强化文化产业价值链要素建设与管理,推进北京市文化中心建设。

# 上篇　改革的历程、逻辑和未来观察

## 他山之石 | 1

> 实现并持续优化经济与社会的发展转型是改革的目的和任务。作为快速增长的最大发展中国家和世界人口大国，中国既要学习与借鉴他国发展经验和教训，更要认知和反思自我发展的历史阶段性和独特性，以实现可持续发展和包容性增长为目标，以稳健有序的改革实现发展

现代世界经济发展史反映了先行工业国家（发达国家）与经济赶超国家（发展中国家）之间的竞争与合作。发展经济学假定认为，发展中国家可以模仿、引进和吸收现有技术追赶甚至超过发达国家。事实上，除日本等极少数国家和地区成功迈入现代经济增长阶段，绝大多数发展中国家并没有成功跨越早期工业化发展陷阱。相反，东亚、拉美等许多采取经济赶超策略的发展中国家过度依赖资源禀赋优势，将主要资源和精力集中投入到工业领域，忽视了其他领域的均衡发展，最终导致内部经济发展失衡。

### 经济增长：来源与目标

经济活动即是对各种经济要素（主要有自然资源、劳动力、资本、技术等）加以利用的过程。不同的经济要素使用组合方式和配比决定了经济产出效率，从而形成了各异的经济增长方式或称之为经济增长模式——即为经济增长的来源。

前苏联经济学家从结果角度提出了经济增长方式的概念：其一是依靠增加自然资源、资本和劳动力等资源投入实现的增长，属外延增长或粗放增长（extensive growth）；其二是依靠效率提升实现的增长，属内涵增长或集约增长（intensive growth）。现代发展经济学从成因角度使用增长模式（growth pattern 或 growth model）解释经济增长的来源，一类是要素投入增加对增长的效应，一类是要素生产率提高对增长的效应（Janos Kornai）。二战后，发展经济学中有关经济增长的理论有了很大突破。1948年，诺贝尔经济学奖得主保罗·萨缪尔森（Paul A.Samuelson, 1915—2009）在《经济学》（Economics）[1]中，将先行工业化国家的经济发展大体划分为四个阶段（图表1-1），"虽然经济学家们对此有着不同的命名，但关于不同发展阶段和不同增长模式却有比较一致的分析"（吴敬琏）。通过图表1-1分析可见，每种经济要素在不同发展阶段所起到的作用是不同的。经济转型的根本目标是向更高的发展阶段迈进，即要求构建新的经济要素组合模式，重点建立对核心要素的掌控能力，发挥其对经济持续发展的领导作用。反之，缺乏对关键经济要素的积累和能力转化，一个国家可能会因此掉入发展陷阱而致经济停滞不前。

图表1-1：工业化国家经济发展的四个阶段与增长模式

| 发展阶段 | 时期 | 特点 | 驱动因素 | 主导产业 | 增长理论 |
| --- | --- | --- | --- | --- | --- |
| 生产要素驱动阶段（"起飞"前） | 第一次工业革命前（1770年前） | 主要依靠增加土地和其他自然资源投入经济增长缓慢 | 自然资源禀赋 | 农业 | 马尔萨斯陷阱 |
| 早期经济增长阶段 | 两次工业革命期间（1770-1870） | 机器设备替代手工劳作，打破了自然资源禀赋对经济增长的供给制约；大规模工业化使劳动生产率大幅提升，经济增长开始加速。为了使用机器设备，需要发展机械制造业及其相关的基础重工业，因此该阶段的经济发展属于投资拉动型 | 资本 | 重化工业 | 哈罗德－多马增长模型 |
| 现代经济增长 | 1870-1970 | 规模化、集约化、现代化及科学管理，全面提升传统工业经济效率 | 技术进步与效率提升 | 制造业服务化 | 索洛的新古典外生增长理论 |
| 信息时代 | 1970年以后 | 用信息技术（IT）和信息通信技术（ICT）改造国民经济 | 信息化 | 各产业的信息技术化 | 新增长理论的内生增长模型 |

资料来源：吴敬琏

在管理学界，哈佛商学院教授迈克尔·波特（Michael E.Porter）从相对微观的产业和企业层面研究指出，国家经济在不同发展阶段具有不同竞争优势，这种优势也是该国企业、产业和产业集群参与国际竞争的本钱。在《国家竞争优势》书中，波特将国家竞争力发展划分为四个阶段：生产要素导向（factor-driven）、投资导向（investment-driven）、创新导向（innovation-driven）

---

[1] 在里程碑式教科书《经济学》书中，萨缪尔森将现行工业化国家的经济增长按其增长模式不同划分为：起飞前阶段、早期经济增长和现代经济增长。

和富裕导向（wealth-driven），图表1-2显示了四个阶段的关系链。其中，前三个阶段是国家竞争优势建立与发展的主要力量，通常会带来经济繁荣。第四个阶段则是经济转折点，国家有可能从此走向衰退。

与经济学注重从历史递进角度总结的发展阶段论不同，波特理论重点关注竞争力的培育和形成。波特认为，国家经济发展阶段不一定是直线前进的，既可以实现跨越式发展，也可能发展到某个阶段停滞不前甚至倒退。例如，意大利没有经历投资导向发展阶段，直接从生产要素导向阶段跳到创新导向阶段。中东国家和加拿大都依靠丰富的天然资源实现了人民生活富裕，但国家发展仍处于生产要素导向阶段。只要资源禀赋优势耗尽、替代资源出现、因技术创新而减少或淘汰对资源的需求，资源禀赋优势就可能很快丧失，国家竞争优势和富裕生活能否维持则充满挑战。

图表1-2：国家竞争力发展的四个阶段

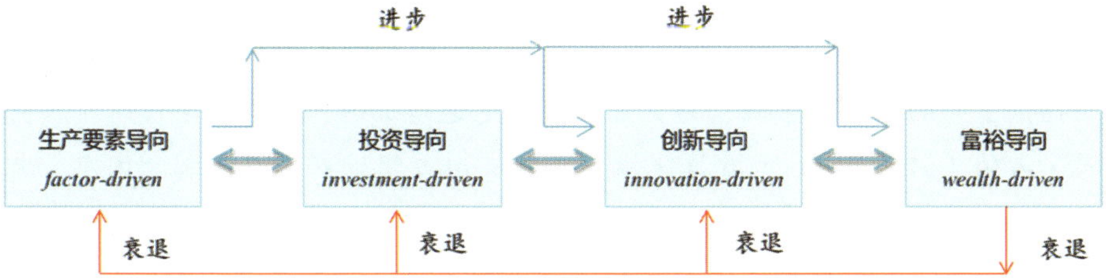

资料来源：《国家竞争力》

## 先行者与追赶者

### ■ 先行工业国家

西欧诸国是先行工业国家。西欧经济发展的早期阶段开始于航运及相关技术的发展，这使西欧人得以发现美洲大陆和通往东方的水路，亚当·斯密（Adam Smith，1723—1790）将此称之为"人类历史记录中最伟大和最重要的事件"[2]。认知到这个经济发展的起点尤为重要，其真实意义在于，这既是一个通过海外殖民地加速生产要素积累以提升供给能力的过程，也是一个借助世界贸易扩大需求以平衡本国经济总量的过程。

---

[2] Adam Smith, An Inquiry into the Nature and Causes of the Wealth of Nations (Glasgow ed.), R. H. Capmpell and A. S. Skinner, eds. (Oxford, 1776), Ⅱ, p. 626.

经济学家认为，自农耕经济转向工业经济以后，以技术创新为基础的供给导向一直是经济发展的主流轨迹。诺贝尔经济学奖得主西蒙·库茨涅茨（Simon Kuznets）将18世纪后半叶开始的工业革命看做是"科学在解决经济生产问题方面的扩大应用"[3]。工业革命促成西方资本主义国家建立起现代工业经济体系，但到了19世纪中期，国内市场的购买力严重不足导致产品的大量积压，利润率开始下降。于是，资本主义国家开始利用经济和军事上的霸权走上了海外殖民地扩张的道路。

西欧不是唯一的帝国侵略者。日本在明治维新（19世纪60年代）掌握了西方先进技术后，也开始实行帝国主义政策。美国政府不顾国内的强烈反对也在19世纪末走上了殖民扩张的道路。霍布斯邦（Eric Hobsbawm）将1875~1914年间的世界称之为"帝国的年代"。他指出，一个由已开发或发展中的资本主义核心地带决定其步调的世界经济，非常容易变成一个由"先进地区"支配"落后地区"的世界，简而言之，也就是变成了一个帝国的世界[4]。帝国主义的鼓吹者认为，除了提供新市场和剩余资本的出路，殖民地还提供了新的原材料来源，为工业化国家迅速增加的人口提供了出路。马克思·韦伯（Max Weber）直接地指出，所有由文明资产阶级控制的国家，都不可避免地会在扩张贸易上投注全力。在看似和平竞争的背后，贸易扩张能力将决定每一个国家在地球上瓜分多少经济控制权，也将决定其人民的活动范围，尤其是其工人赚钱的可能性。

凭借帝国殖民地所有权，先行工业国家的企业可以获取垄断地位和相当大的竞争优势。因此在面对1879年后盛行起来的贸易保护主义和经济压力，帝国主义及其竞争成为一个以若干互相竞争的工业经济体为基础的国际经济（贸易体系）的天然副产品。换句话说，帝国主义者并不曾指望某一个特殊的殖民地会自动变成理想中的金矿，而是希望建立一个以母国为中心和殖民地为构成的经济垄断势力，既可以强化经济产出能力，也可以形成庞大的消费能力，二者都是帝国竞争和世界经济体系的重要构成。

帝国主义和殖民主义是工业资本主义国家经济之间竞争的产物，是脱离工业革命早期的自由放任式资本主义的过程，同时意味着大公司和垄断企业的兴起，以及政府对经济事务的较大干预。帝国主义也是全球经济体系渐形

---

[3] Kuznets, Modern Economic Growth, p. 9.
[4] Eric Hobsbawm, The Age of Empire, 1987.

成的时期，其对世界经济造成的最重要的影响是深刻的不平等。这也进一步导致，在心理和文化等方面强化了社会达尔文主义（Social Darwinism）的价值观，西方的宗教、民主制度、教育、文化等方方面面在殖民地被广泛传播，并对其发展模式产生了深远影响。总结而言，先行工业国家（西欧和美国）的经济发展具有一定历史特殊性和先发优势。在早期阶段，其生产要素部分依赖于殖民地的输入，包括自然资源和人力，技术创新的动能是建立在两次工业革命基础之上。因此，到20世纪来临时，在有规律的资金、技术和人力资源的国际流动条件下，西欧和美国已经跨越投资导向阶段，进入到现代经济增长阶段，即波特提出的创新导向阶段。到20世纪80年代，主要发达国家进入到富裕导向阶段。

### ■ 二战后的日本经济

继西欧和美国之后，日本经济在二战后取得飞速发展从而跻身发达国家。从宏观角度看，日本及其随后的"亚洲四小龙"都采取了出口导向发展战略，其着眼点是在政府的支持和保护下，限制进口和促进本国（地区）具有比较优势的产品出口，赚取外汇。出口导向战略的消极性是，在适度的国内市场保护和本币低估的政策庇护下，出口型企业由于没有受到市场竞争的充分压力，往往表现出技术创新和产品升级的动力不足。而且，当成功实施出口导向政策一段时间后，还会因为外汇储备的大量增加而导致外部经济的失衡（参见吴敬琏，《中国增长模式抉择（第4版）》，上海远东出版社，2013年），最终会导致全球经济失衡（global imbalance）[5]。

为什么东亚经济取得飞速发展却并没有真正进入到现代经济增长阶段？事实上，包括中国大陆在内的东亚经济工业化过程基本延续了日本模式，那么，为什么日本可以，而其他多数东亚经济体则始终徘徊在生产要素导向与投资导向发展阶段之间呢？

日本经济在二战后成功跨越了生产要素导向阶段、投资导向阶段和创新导向阶段，最终成功进入到富裕导向阶段。迈克尔·波特认为战后日本经济的成功要素是：人力资源、技术创新、研发精神、合作开发方式、信息战略、

---

[5] 2005年2月23日，国际货币基金组织总裁拉托在题为"纠正全球经济失衡——避免相互指责"的演讲中正式使用了"全球经济失衡"这一名词，指出当前全球经济失衡的主要表现是：美国经常账户赤字庞大、债务增长迅速，而日本、中国和亚洲其他主要新兴市场国家对美国持有大量贸易盈余。

国内市场和双元需求构架等等。通过横向比较的进一步研究后我们认为，日本模式的独特之处或特有竞争优势在于，日本文化中独特的人力资源基础和开发模式造就了日本企业在技术创新、生产运营、雇佣关系等方面无可复制和比拟的竞争力。而关于国内市场需求——这被认为是从投资导向阶段向更优发展阶段迈进的关键要素，对于战后只有1.2亿人口的日本来说，这其实并不足以支撑其在30年内快速发展成为世界经济第二大强国。

所谓的日本内部消费需求，事实上包括两个层面：其一，日本人偏爱国货，内部市场不开放使需求效应释放的更加集中；其二，以美国为主的西方国家全力支持战后日本经济，向其全面开放本国市场，因此冷战格局下的西方市场也可以看作是日本内部需求的延伸，对日本经济转型真正起到了强大的支撑作用。以上两点，特别是第二点往往被忽视，是二战后绝大多数发展中经济体不具备的经济条件。事实上也正如我们所看到，当冷战结束且美国不再视日本为最重要的经济合作伙伴时，日本经济自20世纪90年代中期在一夜之间陷入到"失落"的发展状态之中。

■ "东亚奇迹"与现实困境

自20世纪70年代以来，全球经济一体化极大的推动了世界经济发展，新兴工业化国家可以方便地从全球市场获取必要的自然资源、资本、技术、人才等用以发展本国经济，但这并不意味着这些国家真正跨越了生产要素导向阶段进入到投资导向或创新导向发展阶段。

图表1-3：产出和度量投入的年均增长率（%）

|  | 时期 | GDP | 资本存量 | 利用的资本 | 就业 | 劳动小时 | 人力资本 | R&D资本 |
|---|---|---|---|---|---|---|---|---|
| 中国香港 | 1966~1990 | 7.8 | 9.0 | 8.7 | 2.9 | 2.6 | 2.3 | - |
| 新加坡 | 1965~1990 | 9.0 | 10.4 | 11.3 | 4.4 | 4.3 | 3.4 | 15.9 |
| 韩国 | 1964~1990 | 9.0 | 13.0 | 13.0 | 3.2 | 3.8 | 3.7 | 14.6 |
| 中国台湾 | 1964~1990 | 9.0 | 12.1 | 12.2 | 3.2 | 2.9 | 2.4 | 14.5 |
| 日本 | 1964~1992 | 5.5 | 8.0 | 8.1 | 1.2 | 0.5 | 0.8 | 8.9 |
| 法国 | 1964~1991 | 3.2 | 5.2 | 5.2 | 0.5 | -0.3 | 1.3 | 5.0 |
| 联邦德国 | 1965~1991 | 3.0 | 4.4 | 4.4 | 0.0 | -0.6 | 1.1 | 5.7 |
| 英国 | 1965~1991 | 2.1 | 3.8 | 3.7 | 0.2 | -0.3 | 0.9 | 2.1 |
| 美国 | 1949~1992 | 3.0 | 3.1 | 3.2 | 1.6 | 1.4 | 0.8 | 6.1 |

资料来源：刘遵义《东亚经济增长的源泉与展望》（1997），《数量经济技术经济研究》1997年第10期

世界银行在1993年发布的《东亚奇迹：经济增长和公共政策》项目研究报告中，对日本、中国香港、韩国、新加坡、中国台湾、印度尼西亚、马来西亚、泰国等八个"亚洲高绩效经济"（high performance Asian economies，HPAEs）的发展经验进行了全面总结。当所谓的"亚洲奇迹"成为一个全球化焦点话题时，许多美国人和欧洲人认为，来自中国、印度和墨西哥的数亿低工资工人的竞争一直压低着美国的工资水平，并在西欧引发大规模的失业（Robert Gilping，2000）。诺贝尔经济学奖得主保罗·克鲁格曼（Paul R. Krugman）根据刘遵义（Laurence Lau）和杨（Alwyn Young）的研究（图表1-3、1-4），在一篇颇具争议的文章[6]中反驳了东亚地区经济的崛起会对西方造成威胁的观点。

克鲁格曼指出，东亚国家在经济上的成功归因于资本和劳动力的快速流动，经济的高增长来自高额资本积累（他称之为"流汗"），而不是技术进步和劳动生产率的大幅度提高（他称之为"灵感"）。这些国家未能明显提高劳动生产率，虽然可能在一定时期保持极高的增长率，却不可避免或迟早地出现投资报酬递减和资本产出率（ICOR）递增的情况，这意味着它们取得的经济成就只是昙花一现。一旦这些国家耗尽可得到的劳动力和资本，它们的经济增长就会放慢。克鲁格曼甚至认为，东亚新兴工业国家经济与苏联计划经济体制时期的外延经济增长模式如出一辙，最终会与苏联一样出现增长率下滑，所谓的"东亚奇迹"不过是"纸老虎"。

图表1-4：产出和度量投入的年均增长率（%）

| | 有形资本 | 劳动力 | 技术进步 |
|---|---|---|---|
| 中国香港 | 74 | 26 | 0 |
| 新加坡 | 68 | 32 | 0 |
| 韩国 | 80 | 20 | 0 |
| 中国台湾 | 85 | 15 | 0 |
| 日本 | 56 | 5 | 39 |
| 非亚洲工业化经济 | 36 | 6 | 59 |

资料来源：刘遵义《东亚经济增长的源泉与展望》（1997），《数量经济技术经济研究》1997年第10期

## ■ "拉美模式"与中等收入陷阱

19世纪初，拉丁美洲大部分国家先后摆脱了欧洲殖民统治，成立了独立国家。19世纪下半叶至20世纪初，拉丁美洲抓住了欧洲发达国家的工业化

---

[6] Paul R. Krugman, "The Myth of Asia's Miracle", Foreign Affair 73, no 6 (November/December 1994)): 62–78.

和现代化发展的历史机遇，率先创造了发展中国家的第一个增长奇迹，是发展中国家追赶模式的先驱。

2001年底，阿根廷爆发了一场经济、政治、社会的全方位危机，使这个曾经的世界十大最富有的国家陨落。以阿根廷、巴西等为代表，拉美国家曾经创造了发展中国家的第一个经济增长奇迹，也因掉入中等收入陷阱而黯然失色。"拉美模式"是研究转型经济和资源输出型经济体的范例，各种争论都归结在一个问题上：新自由主义是否适用于拉美？是否适合发展中经济体？

一些历史学家认为，巴西金矿的发现是工业革命的直接诱因，这从一个侧面反映出拉美经济漫长的发展历程和长久未变的资源依赖症。围绕资源输出，拉美经济先后历经了三种发展模式：1）初级产品出口增长模式（19世纪中期至20世纪初）；2）进口替代工业化增长模式（二战之后至20世纪80年代初）；3）自由主义外向型发展模式（20世纪80年代中后期）。在每种模式下，拉美经济都曾实现短暂辉煌，而后又陷入困境。

特别是，20世纪80年代中期开始，拉美国家由国家主导转向全面的自由主义，由内向型转向外向型。1989年，拉美自由主义外向型发展模式被定义为"华盛顿共识"（Washington Consensus），该术语最初由国际经济学研究所（Institute for International Economics, IIE）高级研究员约翰·威廉姆森（John Williamson）提出，核心政策清单包括十点改革建议：加强财政纪律，重新安排公共支出优先序列，税收改革，利率自由化，竞争性汇率，贸易自由化，私有化，放松管制，保护私人产权。

整个20世纪90年代，拉美经济发展依然十分缓慢。2001年，阿根廷爆发了历史上最为严重的全面危机，"华盛顿共识"受到质疑。威廉姆森认为很多人误读了"华盛顿共识"，把其理解为是新自由主义的背书。约瑟夫·斯蒂格利茨（Joseph E. Stiglitz）认为，"华盛顿共识"对发展中国家经济结构的认知严重失误，且把目光局限在过于狭隘的目标以及实现目标的过于狭隘的工具上。例如，当技术不断进步时，市场并不能自发地实现效率；这个动态过程恰恰是发展的关键问题；并且这个动态过程中存在重大的外部性问题，而正是这种外部性赋予了政府重大的角色。[7]

20世纪90年代末以来，拉美国家的政治格局发生了重大变化，多数国

---

[7] 《后华盛顿，共识的共识》（Post Washington Consensus Consensus），斯蒂格利茨。

家开始推行以注重经济政策与社会政策相协调为特征的"第二代改革",主要趋向是摒弃以"华盛顿共识"为样板的新自由主义教条。1998年4月,第二届美洲国家首脑会议签署《圣地亚哥宣言》,以"圣地亚哥共识"替代"华盛顿共识",基本政策框架是减少经济改革的"社会成本",使每一个人都能从改革中受益;大力发展教育事业和卫生事业;不应该降低国家在社会发展进程中的作用等。2000年11月,联合国拉美经委会(ECLAC)发表题为《增长、就业与公正:拉美和加勒比地区经济改革的效果》(Growth, Employment, and Equity: The Impact of the Economic Reforms in Latin America and the Caribbean)的研究报告指出,尽管快速增长是必需的,增长本身却无法为本地区的人口提供更高质量的生活。必须采取进一步的措施,来促进增长、就业和社会公平。

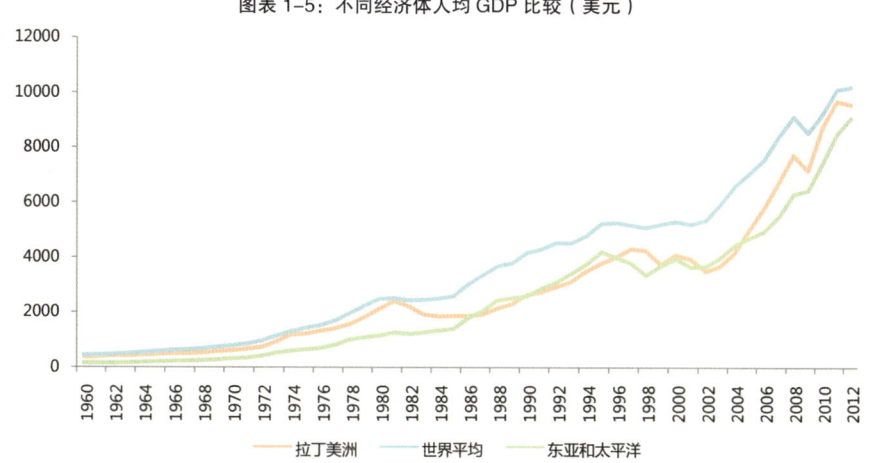

图表1-5:不同经济体人均GDP比较(美元)

资料来源:世界银行

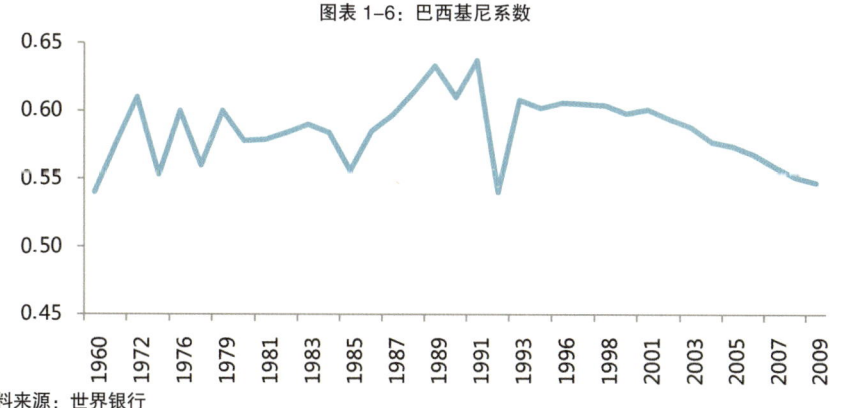

图表1-6:巴西基尼系数

资料来源:世界银行

2003年，世界经济进入新一轮景气增长周期，中国成为全球经济增长的引领者之一。巴西、智利等拉美国家利用自身资源优势与中国经济发展保持了紧密关系，再次迎来了快速发展的历史时期，在经济发展的同时还实现了人均收入的快速增长。据世界银行数据，到2010年拉丁美洲人均GDP达到了8798美元（图表1-5）。2010年1月11日，智利成为经济合作与发展组织（OECD）第31个成员国，是继墨西哥之后第二个加入该组织的拉美国家。2011年，智利和乌拉圭的人均GDP突破1.2万美元，成为南美大陆第一批迈入高收入行列的国家。目前，已有7个拉美国家进入到高收入经济体行列。更为重要的是，拉美人均GDP增长的同时基尼系数也开始下降。特别是巴西，作为世界上贫富差距最大的国家，基尼系数已从1991年0.61的历史高点下降至目前的0.54（图表1-6）。

## 全球经济失衡

先行工业国家借两次工业革命建立起世界经济新秩序，凭借在技术、资本、人才等方面的要素优势从全球贸易中获取了丰厚利益，之后进入到以创新和消费为特征的现代经济增长阶段，即波特认定的创新导向与消费导向发展阶段。

日本借助明治维新后形成的人才与技术基础，在二战后依靠美国的帮助实现了经济赶超。然而，当美国不再视日本为核心经济合作伙伴并对其施以各种经济限定后，即使拥有国内市场支撑，但仍不足以确保日本经济可以继续实现稳定发展。"失落的二十年"也表明，由于日渐缺乏在全球贸易体系中的竞争力和定价权，已进入到富裕导向发展阶段的日本经济正走在下坡路。

东盟等经济赶超国家并不能够借助资源禀赋优势长期保持经济增长态势，其无法进入现代经济增长阶段的原因有很多，包括教育、人力资源素质、技术创新能力、社会制度等，这种问题也体现在拉美国家。更深层次的问题是，多数新兴市场国家在缺乏内部市场支撑的情况下，寄希望于建立自由市场制度以能够融入到发达国家的经济体系之中，就像日本那样，借助外部市场需求支撑自身的经济持续发展与社会转型。

从20世纪70年代的拉美危机到90年代末期的东南亚金融危机，从"华盛顿共识"到"圣地亚哥共识",这些经验和教训说明了,在不对称和起点不均衡的全球化经济体系中,完全外部化、西方化和所谓自由市场化的经济发展并不适用于新兴市场国家,所谓的追赶经济模型是存在历史约束性的。而且,多数新兴市场国家在成功实施出口导向政策一段时间后,还会因为外汇储备的大量增加而导致外部经济的失衡(参见吴敬琏,《中国增长模式抉择(第4版)》,上海远东出版社,2013年),最终会导致全球经济失衡(global imbalance)[8]。事实上,虽然已跻身发达国家,但日本也并没有真正走出这样的全球化牢笼。

---

8  2005年2月23日,国际货币基金组织总裁拉托在题为"纠正全球经济失衡——避免相互指责"的演讲中正式使用了"全球经济失衡"这一名词,指出当前全球经济失衡的主要表现是:美国经常账户赤字庞大、债务增长迅速,而日本、中国和亚洲其他主要新兴市场国家对美国持有大量贸易盈余。

# 刍议中国经济转型 | 2

> 尽管任何一段历史都有它不可替代的独特性，可是，1978~2008年的中国，却是最不可能重复的。在一个拥有近13亿人口的大国里，僵化的计划经济体制日渐瓦解了，一群小人物把中国变成了一个巨大的试验场，它在众目睽睽之下，以不可逆转的姿态向商业社会转轨。
>
> ——吴晓波《激荡三十年》

改革开放以来，中国经济通常被笼统地理解为承袭了日、韩和"亚洲四小龙"的出口导向型增长模式。中国依赖外部资本、技术、市场和品牌等资源，参与全球产业分工，快速积累了生产技能和管理经验，使"中国制造"成为全球化体系中的重要一极，中国经济借此也取得了世人瞩目的发展成就。这种模式的基础在于生产要素价格包括土地、劳动力、资源以及汇率低估，使中国能够生产出廉价的具有国际竞争力的商品。2006年以来，伴随着人民币升值、劳动力价格上涨、城镇土地供求矛盾等各种生产要素价格重估，"中国制造"成本上升显著，产业升级迫在眉睫。

中国经济增长的另一个特点是宏观经济体制实现了重大变革，表现为从计划到市场的资源配置方式的转变。如今，市场化观念已深入人心，深刻地改变了中国经济的多数方面。特别是非公有经济的大发展被看作是市场化改革的最大成就之一；同时，政治体制也表现出稳定的持续性。虽然政府在资源配置过程中仍具有较大影响力，但政府已不再是单边行动者，而更多借助总量控制起到了稳定器和调节器的作用。主观上，政府力求实现经济发展的中长期和短期目标，客观上影响甚至局部决定了资源配置。

自上而下的政治体制与自下而上的经济机制构成了改革开放以来中国经济增长的政治经济学分析框架，这也是中国经济增长模式中最为独特且与众不同的方面。从这样的角度看，从封闭到开放，从计划到市场，从城市到农村，从一部分人先富到走向共同富裕……，由于存在独特的二元经济结构，并承载着超过6亿人的脱贫压力，自1978年以来中国经济与社会发展就一直处于转型变革道路之上。这样，"中国制造"所取得的成就属于中国经济增长的结果而非原因，其所面临的转型挑战构成了中国经济整体转型的一部分。

以全局的视角和方法解读改革开放以来中国经济增长模式和阶段性转型内容，是我们准确洞悉和判断未来中国经济发展挑战与转型压力的前提条件，也是明确深化对内改革和对外开放的内在要求。为此，我们从中国经济增长的政治经济学分析入手，回顾分析了宏观经济改革的历程与方向，厘清政府与市场的关系，主要包括两大方面内容：其一，宏观经济体制是否适应社会经济发展需要，适合于具体国情；其二，宏观经济政策是否及时有效，经济流量是否正常，总供给和总需求是否达到平衡，是否实现了经济的均衡发展。

## 1978年以来经济转型的思路与框架

1978年以来中国经历了从计划到市场的重大经济增长模式转变，这样做的首要考虑是要建立持续稳健的经济发展能力。因为"贫穷不是社会主义"，中国需要获取持续的经济发展能力才能彻底解决十多亿人口的吃饭问题，这样的发展目标也被总结为"第一目标是解决温饱问题，第二目标是到本世纪末（20世纪末）达到小康水平，第三目标是在下个世纪的五十年内达到中等发达国家水平。"

改革从农村开始，"因为中国人口的百分之八十在农村，如果不解决这百分之八十的人的生活问题，社会就不会安定的。工业的发展，商业的和其他的经济活动，不能建立在百分之八十的人口贫困的基础之上。[9]"虽然从1984年开始，改革的重心逐渐转向城市，但历年的"中央1号文件"仍始终关注农业和农村问题。因此看，以一种"摸着石头过河"的态度，中国的宏观经济体制改革和流量管理内容始终围绕着为发展追求不断深化改革和开放，通过不断提升农业生产力释放农村土地和剩余劳动力等生产要素资源以促进工业化和商业发展。

在如何实现发展问题上，邓小平提出了改革开放，其实质是搞两个开放：一个对外开放，一个对内开放。"对外开放具有重要意义，任何一个国家要

---

9 《邓小平文选》第三卷，第117页，人民出版社（1993）。

发展，孤立起来，闭关自守是不可能的，不加强国际交往，不引进发达国家先进经验、先进科学技术和资金，是不可能的。对内开放就是改革。改革要全面的改革，不仅经济、政治，还包括科技、教育等各行各业。"对外开放是刚性的战略考虑，通过有意识地引入外国技术、资金发展本国工业，实现经济上的追赶，这与多数发展中国家的考虑相同。

因为涉及到农村与城市、计划与市场、国有和非国有、东部和西部、先富与共同富裕等一系列复杂多样的二元经济性，改革的原则是"胆子要大，步子要稳。所谓胆子要大，就是坚定不移地搞下去；步子要稳，就是发现问题赶紧改。[10]"改革是渐进式的，是通过审慎的逐步权力下放促进生产力发展实现的，以有利于经济发展和社会稳定的结果导向，而不是以理论构建或经验主义去设计中国改革的方向与路径，这与多数经济追赶国家的全面资本主义化改革本质不同。邓小平强调说，"每个国家的基础不同，历史不同。别人的经验可以参考，但是不能照搬。[11]"

稳定主要包括三层含义：其一，经济发展要平稳健康，不能大起大落，不能坐过山车，但又必须保持一定的增长速度。因此，一切有利于促进生产力发展的经济方法都可以加以利用，面对经济失衡的状况需要以宏观调控方式予以调整。这一点，深刻地体现在1978年以来的宏观经济流量管理措施方面。其二，整体改革推进是建立在"四项基本原则"基础之上，政治体制改革服务于经济发展所需，但并不是由经济发展主导。政治体制稳定也是确保经济平稳、健康、持续发展的重要保障。如果在结果上可以实现经济的持续稳健增长，在过程中也并不严格界定公有和非公有的界限，因此所谓的"国退民进"或"国进民退"分歧并不是市场化改革的长期目标的承诺，而是对发展、开放（改革）、稳定三者关系的辩证思考与政治经济学分析的博弈结果。例如，在改革开放初期为解决总供给不足问题提出"国退民进"，而进入21世纪后面对经济高速增长的态势以及国有经济占比逐年下滑趋势，又通过设立国资委体系逐步加大了对重点行业的国有控制力。

### 宏观经济体制改革：自上而下的渐进式改革

宏观经济（管理）体制由宏观经济运行的目标、控制方式、管理主体和

---

10 《邓小平文选》第三卷，第117页，人民出版社（1993）。
11 同上

管理原则所组成，其本质就是经济资源配置方式的选择，一种是计划方式，一种是市场方式。1978年以来中国宏观经济体制改革的主要任务是从计划到市场的转变，在这个过程中持续推进一系列经济增长和经济转型目标的实现。资源配置方式转变与经济转型双重任务叠加在实际中增加了改革的难度。下文具体回顾分析了不同历史阶段宏观经济体制改革的任务和内容，由于农村人口众多且存在二元经济，中国不具备采取一步到位式的完全市场化机制。在计划向市场转变的过程中，由微观层面的逐步放开到宏观层面的结构性调整，中国是自上而下推进宏观经济体制改革。

### ■ 高度集中的计划经济体制（1949—1978年）

1949—1978年间，中国实施的是完全排斥市场的高度集中的计划经济体制。其中从1977年开始，建设派领导人看到日本和"亚洲四小龙"采用西方技术建设新设施取得了世界上最快的增长率，开始热衷于引进西方的资金和技术[12]。由于缺少外汇储备[13]，这次"洋跃进"在1978年底宣布破产。1979年3月召开的中央政治局工作会议提出了对国民经济实行"调整、改革、整顿、提高"的八字方针，陈云在会议上对调整方案的必要性做了说明：

> 我们国家是一个九亿多人口的大国，百分之八十的人口是农民。我们很穷，不少地方还有要饭的。大家都想现代化，但问题是我们能做到什么？我们需要均衡发展。搞建设，必须把农业考虑进去。想生产更多的钢，问题是1985年搞6000万吨钢根本做不到。电跟不上，运输很紧张，煤和石油也很紧张。……我们需要借外国人的钱，需要外国人的技术，但是人民银行有多少钱还账？[14]

### ■ 注重市场机制的间接宏观调控体制（1978—1992年）

宏观经济体制改革的破题从农村开始。1978年12月中共十一届三中全会做出了《关于加快农业发展若干问题的决定（草案）》，从此启动农村改革。在此之前的1978年11月24日[15]，安徽凤阳小岗村的18户农民冒着坐牢的

---

12 [美]傅高义（Earaf F. Vogel）著《邓小平时代》，三联书店（2013）。
13 到1978年底，中国只有40亿美元外汇储备，出口赚取的多数外汇收入也已被预付。同时，已签订的购买外国设备的合同金额超过了70亿美元。
14 中央文献研究室编《三中全会以来重要文件汇编》（上下册），人民出版社（1982），上册第109-147页。
15 温跃渊著《小岗风云录》，大众文艺出版社（2008），第163页。

危险在大包干协议书上签字。1982年1月，中共中央批转了《全国农村工作会议纪要》，从而确立了家庭联产承包经营制度，农村土地所有权和经营权分离，农民拥有经营权和收益权。

1984年10月，中共十二届三中全会通过《关于经济体制改革的决定》，经济体制改革的重心由农村正式转向城市。决定指出，社会主义经济是公有制基础上的有计划的商品经济。这意味着就要承认商品交换，要建立和放开市场，承认市场经济的存在。然而受到意识形态等原因制约，改革开放以后到1992年前，中国虽然开始放弃计划经济，但并不承认市场经济，只承认计划经济条件下的市场机制的作用，先后提出了三种提法：1）计划调节为主，市场调节为辅；2）计划经济和市场调节相结合；3）国家调节为主，市场调节为辅。即在国家调控市场的前提下，市场可以完全放开。同时，居民收入由市场决定，不再采取全国统一的工资制度。居民消费不再被各种票证束缚，消费选择空间逐步增大。

在上述宏观体制下形成了承包合同制，企业承诺上缴给政府一定收入，地方政府和中央政府也签订了上缴一定预算收入的合同。国家对于企业经营活动的调节不再依靠指令性计划，而是主要依靠税收、信贷、价格等直接性经济手段。另一项改革战略是，在计划机制下的市场调节产生了价格"双轨制"，其实质上是对承包合同制形成了激励，因为在完成计划的基础上，企业可以按照市场价格出售产品。

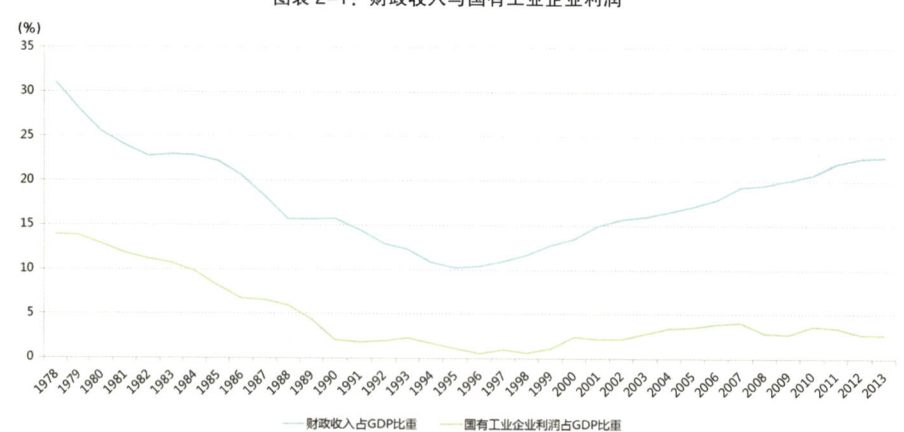

图表2-1：财政收入与国有工业企业利润

资料来源：Wind

20世纪80年代的改革激发了人们压抑已久的经济欲望，也使市场观念初入人心。不过，放权让利逐渐打破了旧经济体制内的垄断收益，中央财政收入和财政能力不断下滑。国有工业企业的利润也快速下滑（图表2-1）。产生这种状况的根本原因在于，虽然市场调节机制被引入到宏观调控体制中，但其过程却并不是完全由市场的价格信号决定，政府部门对于经济的干涉依旧很强，表现在：第一，政府调控不是间接影响市场信号，而是直接控制市场信号。对于如水、电、油、气等生产要素价格，以及资金、土地等重要生产资料，政府部门始终牢牢控制着。第二，政府部门仍控制资源配置，表现在地方政府部门在GDP考核压力下，不顾财力、物力的实际情况，盲目上新项目；投资办国企，强行让企业扩张，争相攀比发展速度；重复设点、重复引进、重复建设。即使到现在，政府这种强行配置资源的行为仍然突出。第三，政府部门还经常影响着微观经济的日常运行。为追求GDP，地方政府设法给予企业各种优惠政策，例如税收减免、低价出让土地、干涉银行贷款、帮助企业扩张等。第四，政府控制了要素价格，如资金、土地等。[16]

由此可见，这期间企业并不能够完全摆脱政府部门的行政干预，政企关系依然表现为父子关系，企业实际获利多少在某种程度上不是取决于市场而是依赖于同上级的讨价还价能力。总之，注重市场调节仍未从根本上摆脱原有计划经济体制的束缚，微观主体并没有完全的独立性。市场价格信号无法发挥作用，经济总体就很难实现平衡稳健发展（参见魏杰《动摇不得：中国经济改革若干问题》，中国发展出版社（2007））。

### ■ 以市场经济为基础的现代宏观调控体制（1993年以来）

1992年初邓小平"南巡讲话"结束了一系列争论，中国将致力于深化改革开放。1992年9月，中共十四大提出了"社会主义市场经济"的建设目标，第一次承认将市场经济作为改革的目标。1993年11月11~14日，中共十四届三中全会通过了《中共中央关于建立社会主义市场经济体制若干问题的决定》的全面改革纲领文件，之后十八个月内陆续出台了许多实质性改革措施，包括财政和税收改革、外贸和外汇管理体制改革、银行改革等。特别是1993—1995年间，相继通过了四个主要领域改革的程序法，相关法律出台建立了统一的规则，监管体系也得到了改善，市场竞争也得到了促进（图表2-2）。

---

16　魏杰著《动摇不得：中国经济改革若干问题》，中国发展出版社（2007），第268页。

**图表 2-2：深化改革的配套改革项目与内容**

| 年份 | 改革项目 | 改革内容、意义和影响 |
|---|---|---|
| 1993 年底 | 颁布《公司法》 | 为国有企业的公司化改革提供了法律框架，也将所有企业置于一个统一的法律和监管框架之下 |
|  | 废除对物资的计划配置 | 政府不再直接控制市场信号 |
|  | 终止"双轨制" |  |
| 1994 年 1 月 1 日 | 财税改革 | 对《公司法》的补充，将企业利润承包制转变为统一的税收制度；改变了中央与地方的关系，财政包干被分税制取代；企业与地方财政讨价还价的方式被统一规则取代，不同所有制企业都照章纳税 |
|  | 外汇管理改革 | 双轨汇率并轨到本币币值相对较低的市场汇率，取消了原"配额内"较便宜的计划价汇率，这样得以统一贸易制度。同时，大幅度的本币贬值为进一步的贸易自由化创造了条件 |
|  | 外贸体制改革 |  |
| 1995 年 | 银行体系改革 | 加强人民银行的作用，明确其央行职能；重组商业银行，加强监管和硬化预算约束；对整个金融系统实施更严格的控制和监管 |

资料来源：CCRD

1993 年开始政府致力于建立以市场为基础的现代宏观经济调控体制，为此引入了大量对经济运行变量可操作的短期调控工具，如税率、公共支出规模、银行准备金率、再贴现率、国债规模、进出口税率、外汇储备等，以使各个中期变量达到政府调控目的，包括利率、货币供应量、财政支出总额、财政收入总额、汇率、价格等。企业根据政府发出的调控宏观经济运行意图的市场信号安排经营活动，从而实现状态变量，如 GDP 稳定增长、物价稳定、充分就业、国际收支平衡等发展目标实现，其前提就是总供给与总需求均衡。

1998 年，时任国务院总理朱镕基主持推进了一次规模较大的行政体系重组和机构改革。大部制改革后除国务院办公厅外，国务院组成部门由原有的 40 个减少到 29 个。其中，废除了大部分的经济部委，压缩计划部门的规模，增强了针对计划部门的行政管理，提高了大部分重要监管机构的行政级别。整体看，中国的政府职能开始向监管转型，改革也使得中央政府具有推行重大政策的效力，越来越多的预算资金流向了养老、医疗和教育等领域。进入 21 世纪，改革总体沿着 20 世纪 90 年代以来的思路向纵深领域推进。

## 宏观经济流量管理：自下而上的利益最大化行动

在逐渐转向围绕市场经济的体制转变过程中，宏观经济流量管理内容和方式也发生了很大变化。宏观经济流量包括总供给流量和总需求流量，总需求流量是一定时期内的购买力总和，总供给就是一定时期内的供给能力总和。

政府部门协调宏观经济的目标就是要实现总供给流量和总需求流量在总量和结构上的均衡，以防止宏观经济出现大的波动，从而影响到社会的稳定和经济的发展。同时，建立在宏观经济体制基础之上的经济流量管理方式与内容还承载着促进经济增长与转型的重任。

图表2-3显示了1978年以来中国经济增长情况与同期CPI的对比分析。可见，在2000年前中国经济波动的顶峰和谷底的振幅较大、频率较高，经济增长的稳定性较弱。同期，经济增长与物价上涨的变动趋势较为一致。出现这种情况，主要原因是国家对不同经济波动期内施以不同的宏观经济流量管理手段，产生了不同的经济效果，但都实质性促进了自下而上的经济转型力量的形成。

纵观1978年以来的经济转型过程，多数时间内中国经济处于总需求膨胀而总供给不足的状态，进一步看是有效需求与有效供给不匹配而导致的非均衡状态，这既是历史原因和经济基础决定，也受政策引导和宏观目标影响。按需求结构看，总需求膨胀可划分两个历史阶段，中间又有一段时期处于总需求不足。

图表2-3：GDP增长率（%）与同期CPI对比分析

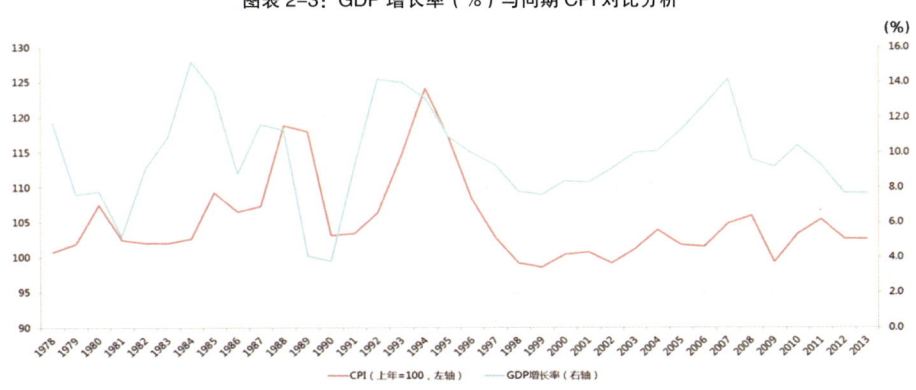

资料来源：国家统计局、CCRD

■ 消费导致的总需求膨胀（1978—1995）

这段时期总需求膨胀产生的主要原因是：第一，计划经济时代被压抑的消费需求快速释放，从吃饭到穿衣，从"老三件"到"新三件"[17]（图表2-4），

---

[17] "老三件"指手表、自行车和缝纫机，流行于上个世纪70年代末到80年代中期的中国城市家庭生活。"新三件"指彩电、冰箱和洗衣机，流行于上个世纪八九十年代，90年代后期逐步被空调、电脑和DVD所取代。

城市和农村家庭的生活和消费状态随着收入的提高和供给的日渐丰富而发生了彻底变化。第二，乡镇企业、城镇集体企业、个体经济等发展提升了供给水平，终端商品价格的逐步放开也使供求矛盾有效缓解。

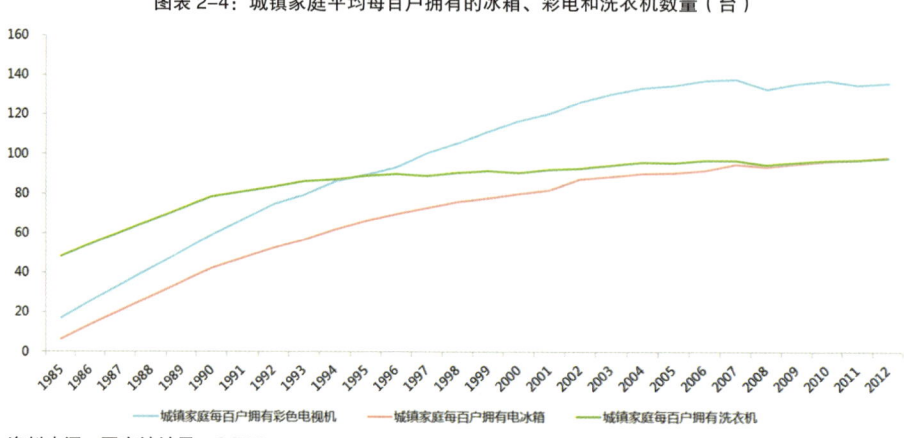

图表2-4：城镇家庭平均每百户拥有的冰箱、彩电和洗衣机数量（台）

资料来源：国家统计局、CCRD

不过，由于这段时期宏观经济管理仍处于计划为主，市场经济机制尚未形成，经济增长的本质是数量的增加而非质量的提升，总需求膨胀也是建立在相对较小的市场基数和生产要素价格管制基础之上的非对称经济活动。因此，由消费需求诱导的投资需求增加并未真正提升相关行业的劳动生产率。具体看，这段时期的宏观经济流量管理方式有如下几方面特点。

第一，全面经济体制改革准备阶段（1978—1983）

这个阶段的工作重心是搞好经济结构调整，为全面经济体制改革打基础，采取了紧缩财政政策和宽松货币政策相结合，即压缩财政开支，适当放开信贷，支持农业和日用消费品工业生产。期间，经济增长率由1978年11.7%的波峰回落到1981年5.2%的波谷，又于1983年回升至10.9%。同期物价波动并未随1983年的经济回升而上涨，说明紧缩财政支出的同时用银行信贷支持商品生产，通过调整结构、增加消费品供给的方式抑制通货膨胀、恢复社会供求均衡是比较有效的。

第二，从"双松"到"双紧"的第一轮循环（1983—1986）

这一时期的经济膨胀首先是由财政和信贷同时扩张所致，"双松"政策提升经济增长率的同时也导致财政赤字、信贷失控、商品短缺、物价上涨及严重的通货膨胀。特别是改革开放以后，价格逐步放开，通货膨胀也由隐蔽性转为公开性。为控制通胀，恢复经济的稳定和社会安定，需要抑制总需求膨胀，就要压缩投资需求和消费需求。1985年开始采取全面紧缩政策，贷款总量下降了36.5%，财政赤字减少了44%。但在国家压缩投资的同时，地方政府及企业的投资热情依然很高，出现了所谓的"钓鱼工程"[18]。在压缩消费需求方面，国家提出不能搞超前消费，压缩了奖金和工资涨幅。消费需求的快速下降对抑制总需求膨胀起到了重要作用。

"双紧"政策抑制了通胀，也产生了抑制经济增长的副作用。1986年1月的GDP增速降至5.5%，2月份则快速下跌至0.9%，主要工业城市甚至出现了负增长。短期内经济增长大起大落充分反映出经济基础薄弱、经济结构不合理的问题。

解决总需求膨胀的另一个办法是提升总供给，从增量角度实现经济均衡。当时所采取的主要措施有：第一，调动各种经济成分的积极性，包括大规模发展个体私营经济、吸引外资、国企改革等措施。因此说，中国大力发展非公有制经济的初衷并非是从完善经济体制结构，而是从增加总供给和解决总需求膨胀等方面考虑，难以抑制的总需求膨胀迫使中国考虑体制改革问题。第二，调动各种生产要素积极性，实施农村土地承包制、城市工资制度改革、提高资本回报率、提高利率等措施，引导人们不要将钱用于消费而用于投资，从而增加生产和供给。第三，推进进口替代政策。大力推进开放，通过进口商品增加供给化解国内总需求膨胀压力（参见魏杰《动摇不得：中国经济改革若干问题》，中国发展出版社（2007））。

在不健全的经济机理条件下，总需求下降并没有使生产增加反而急剧下降。到1986年中期，政府被迫放弃"双紧"以恢复经济增长。此后很长一段时期，总需求膨胀与总供给不足使企业很容易卖掉生产的商品，不必花费力气和投入去搞技术改造，导致国家整体技术水平停滞不前，这为此后长期难以解决的企业效益低下和债务链问题种下了祸根。

第三，从"双松"到"双紧"的第二轮循环（1986—1991）

1986年中期放开再次实施"双松"政策后，1987和1988年的GDP增

---

[18] 例如，国家规定不准上马超过3000万元的投资项目。实际中，3000万元可能只是项目总投资的1/10资金量。结果3000万元项目一批下来就开始动工，不久提出资金不够要追加投资，中央也没有办法，最终很多投资总额远远超过3000万元的项目都上马了。

长率分别为 11.6% 和 11.3%。由此产生的负面影响是，1986 年财政赤字超过 200 亿元，同比增长 205.7%，信贷增长了 29.4%。1988 年的通胀率达到 18.74%，物价飞涨、抢购风潮和银行储蓄滑坡都标志着通胀的严重程度超出了社会承受力。于是，1988 年 9 月政府再度采取了严厉的"双紧"政策，主要手段等同于第一次的压缩需求和增加供给。高通胀所产生的消费惯性并未迅速抑制需求，1989 年的通胀率仍为 18.33%。但"双紧"政策却很快抑制了经济增长，GDP 增长率由 1988 年的 11.3% 迅速下滑至 1989 年的 4.1%，1990 年跌至 3.8% 的历史性低点。经济增长的反复大幅波动使国民经济结构和比例严重失调的矛盾被激化，企业绩效低下、资金紧缺、市场疲软和企业间债务危机等一系列问题导致经济增长陷入停滞状态。

第四，从"双松"到"适度从紧"，国民经济从高度膨胀到实现"软着陆"的循环（1991—1998）

1991 年底，迫于压力国家再次放弃"双紧"，结果总需求膨胀问题再次出现。1993 年通胀率由 1992 年的 6.34% 升至 14.58%，1994 年甚至达到 24.24% 的历史高点。GDP 增长率从 1991 年下半年开始回升，1992 年和 1993 年分别为 14.2% 和 14%。总需求的再度膨胀使国民经济再次承压，1993 年起，国家在总结改革开放以来的经济波动问题以及在宏观经济调控方面的经验和教训，开始实施"适度从紧"的财政政策和货币政策以第三次抑制总需求膨胀，主要措施是治理金融秩序。到 1996 年，通胀率下降至 8.32%，经济增长率依然保持了 10%，经济增长方式由 80 年代的通货膨胀拉动型转为通货紧缩抑制型，经济实现了低通胀和高增长为特征的"软着陆"。

好景不长，1998 年通胀率下降至 -0.84%，总需求膨胀转向了总需求不足，经济过剩苗头显露。此后多年，有效需求不足与结构性供给过剩成为中国经济增长的结构性顽疾，也成为经济转型的主要诉求。从 1998 年的时点看，产生这种情况的深层次原因是：

首先，国内市场从卖方市场转向买方市场。以增加总供给为目的的非公经济发展到 90 年代中期已具相当规模，短缺经济现象不再，而主要商品开始出现供大于求的状况，买方市场来临，这种状况标志中国经济进入到新的阶段和新的起点。市场化改革的深入和竞争的日趋激烈将增强企业的市场约束，迫使其要不断提升竞争力和经济效益。然而在实际中，大量在卖方市场时期如鱼得水的企业本质上的技术创新能力和产品竞争力并不强，企业管理水平也较为低下。加之多年来投资缺乏应有的效益约束，特别是地方政府和各部门追求GDP而盲目铺摊子、上项目、重复建设的情况非常严重，进一步恶化了许多企业经营管理的实际健康状况。另一方面，所谓的买方市场并非全面意义上的供大于求，而是结构性供大于求。比如因为基础设施落后和产品设计不合理，导致广大农村无法使用洗衣机。因此说，在总量失衡的背后隐藏着经济结构、产品结构的矛盾，政府的宏观调控和产业发展规划应兼顾总量调整和结构调整。推动由追求数量扩张的粗放型经济增长向以提高效率为特征的集约型经济增长方式转变。

其次，从经济增长的体制性因素障碍看，改革初期是通过简政放权的办法打破高度集中的计划经济体制，这种改革过程中的权力和利益调整一般是从中央到地方、从国家到企业、从集体到个人的自上而下的单向调整，地方、企业和个人的权力和利益所得往往明显大于所失，改革的成本和风险基本上由国家承担，改革就很容易被接受。到1996年，市场经济体制意味着相当一部分改革成本和风险要转移到企业和个人，这意味着改革的难度要大得多。加之买方市场的形成，需求对经济增长的约束机制明显强化，保持较为稳定的需求确保经济增长是改革顺利推进的内在要求。但进入90年代以后，最终消费对经济增长的贡献却呈下滑态势。1992年，最终消费支出对经济增长的贡献率为72.5%，到1997年降至37%，此后虽有回升，但进入21世纪以后长期维持在30%~40%的低位水平。在中国经济由资源约束型向需求约束性转变的过程中，消费不足直接影响到经济增长目标与结构调整的实现。

### ■ 投资驱动与外需拉动的总需求膨胀（1999—2007）

整个20世纪90年代经济增长的缓慢下滑迫使政府于1998年下半年起开始实施扩大政府支出为特征的积极财政政策，以政府投资为引导全面提升总需求（图表2-5），主要投资于基础设施、环境、农村城市化、鼓励出口、企业技改和社会保障等领域。1998年、1999年和2000年，积极财政政策实施分别拉动当年经济增长2.36%、3.05%和2.94%，分别促进非农就业增长0.57%、0.73%和0.71%，即三年间平均每年提供200万个非农就业机会。

图表 2-5：1998~2001 年间积极财政政策实施情况

| 年份 | 积极财政政策内容 | 拉动经济增长（%） | 对经济增长贡献率（%） |
|---|---|---|---|
| 1998 | 增发 1000 亿元长期国债用于基础设施转型投资 | 1.51% | 19.4% |
| 1998 | 国企下岗职工基本生活保障和再就业、企业退休人员养老金、城市居民最低生活保障等社会保障支出 170 亿元 | 0.23% | 2.99% |
| 1998 | 提高出口退税总额 437 亿元 | 0.62% | 7.91% |
| 1999 | 向商业银行增发 600 亿元国债用以重点行业技术改造、环保及科教基础设施等。全年完成国债投资 1010 亿元，财政投资同比增加 654.75 亿元 | 1.96% | 27.6% |
| 1999 | 社会保障支出 360 亿元 | 0.26% | 3.72% |
| 1999 | 提高出口退税率，平均退税率达 15%，退税总额 626 亿元 | 0.83% | 11.75% |
| 2000 | 中央预算安排基本建设和技改支出 1500 亿元 | 1.65% | 20.63% |
| 2000 | 中央预算安排社会保障支出和补助部分地区提高行政事业单位人员工资支出 707 亿元 | 0.44% | 5.5% |
| 2000 | 鼓励出口和扩大国际合作，出口退税 800 亿元 | 0.85% | 10.52% |
| 2001 | 发行长期国债 1500 亿元 | 1.8% | — |

资料来源：蒋德嵩《中国经济增长中积极财政政策效应分析》（2002）、CCRD

由 1998 年积极财政政策实施起，中国进入新一轮总需求膨胀经济增长阶段，表现为投资需求激增而消费需求减少。其中，房地产及相关产业、出口部门等是投资增长较快领域。图表 2-6 显示了房地产与制造业的固定资产投资增长情况，两项合计占全社会固定资产投资完成额的比重由 1998 年的 30.1% 至 2007 年骤增到 46.6%，到 2013 年占比达 57.2%。

图表 2-6：固定资产投资额及两大行业占比情况

| 年份 | 全社会固定资产投资完成额（亿元） | 房地产业固定资产投资占比（%） | 制造业固定资产投资占比（%） |
|---|---|---|---|
| 1995 | 20,019.30 | 19.25 | 19.12 |
| 1996 | 22,913.50 | 17.75 | 18.26 |
| 1997 | 24,941.10 | 16.45 | 15.94 |
| 1998 | 28,406.20 | 16.54 | 13.63 |
| 1999 | 29,854.70 | 17.62 | 12.15 |
| 2000 | 32,917.70 | 18.68 | 12.16 |
| 2001 | 37,213.50 | 20.26 | 13.54 |
| 2002 | 43,499.90 | 20.76 | 15.23 |
| 2003 | 55,566.70 | 19.99 | 19.34 |
| 2004 | 70,477.40 | 20.64 | 20.80 |
| 2005 | 88,773.60 | 19.26 | 22.99 |
| 2006 | 109,998.20 | 19.62 | 23.94 |

（续表）

|  | 全社会固定资产投资完成额（亿元） | 房地产业固定资产投资占比（%） | 制造业固定资产投资占比（%） |
| --- | --- | --- | --- |
| 2007 | 137,323.90 | 20.84 | 25.83 |
| 2008 | 172,828.40 | 20.78 | 26.83 |
| 2009 | 224,598.80 | 19.20 | 26.14 |
| 2010 | 278,121.90 | 20.72 | 26.78 |
| 2011 | 311,485.13 | 24.29 | 32.93 |
| 2012 | 374,694.74 | 24.72 | 33.20 |
| 2013 | 447,074.40 | 24.92 | 32.96 |

资料来源：国家统计局、CCRD

非公经济发展和企业活力的增加直接促进了投资增长。在发展非公经济方面，政府鼓励民营企业发展，拓宽投资领域，提供融资支持。例如，2004年深交所开通中小板市场，为民营企业直接融资创造了有利条件。2001年底加入WTO以后，进一步放开外资准入范围，鼓励外商直接投资。随着市场机制的逐步完善，企业作为市场活动的主体地位也显著表现出来，企业成为社会投资的主体（图表2-7）。

整体看，启动投资需求以后投资对经济增长的拉动效应十分突出，2001-2011年间，投资一直是三大需求中促进经济增长的主力（图表2-8、2-9）。特别是2008年金融危机以后，在出口受阻的情况下，2009年资本形成总额对经济增长的贡献率甚至高达87.6%，其对中国经济的重要性可见一斑。

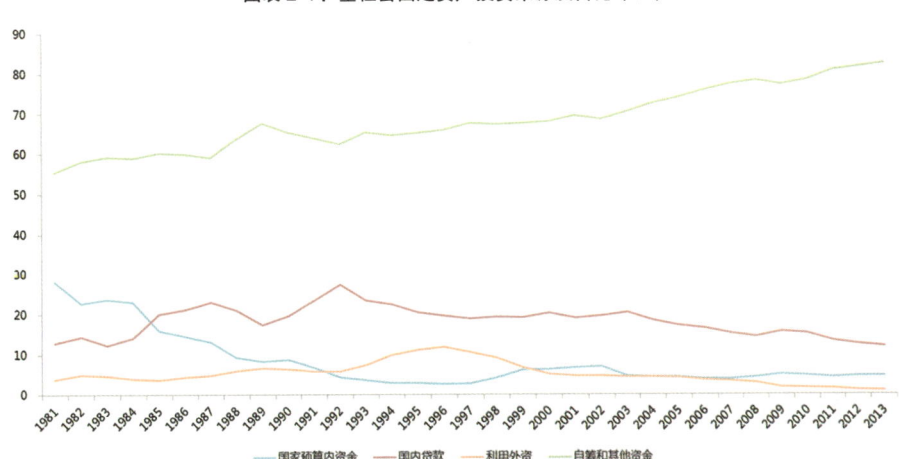

图表2-7：全社会固定资产投资来源及占比（%）

资料来源：国家统计局、CCRD

图表 2-8：三大需求对中国 GDP 增长的贡献率（%）

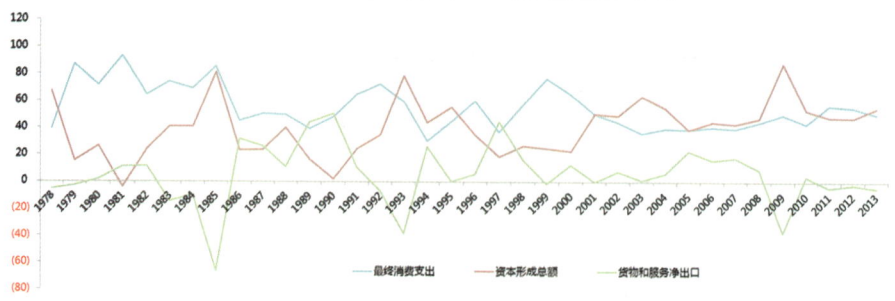

资料来源：Wind

图表 2-9：三大需求对中国 GDP 增长的拉动（%）

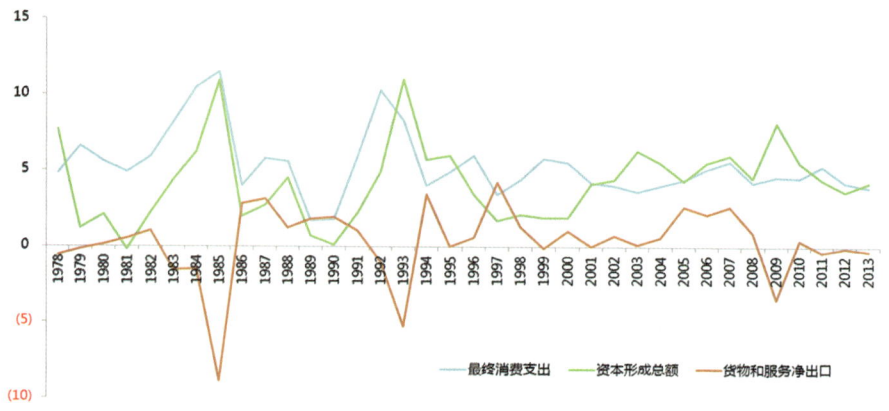

资料来源：Wind

在刺激消费需求增加方面，政府从消费观念、消费结构和消费支付能力三个层面设定了一系列政策性支持和引导。例如，1999 年国庆开始推出长假制度后，假日经济促进了旅游业、交通运输业、商业等现代服务业活跃发展。再如，1998 年启动住房制度改革后，房地产市场发展促进了信贷消费增长，大量居民储蓄被激活转向流通领域。此外，诸如高等教育改革、医疗改革等也都刺激了居民消费支出（图表 2-10）。

然而，由于改革整体是自上而下设计，政府特别是地方政府受规划、户籍、财政等因素约束，面对人员流动、城乡结构、房价上涨等变化，其提供公共产品和服务方面的能力逐渐落后于需求——如医疗、卫生、教育、社会保障等方面，导致近年来就医难、教育难、出行难等矛盾愈加突出。这些情况一方面制约了居民消费支出，低收入群体不得不保留足够储蓄以防万一。

另一方面，个体利益与整体利益的分化弱化了政府稳定社会的能力，利益群体间的矛盾碰撞凸显。

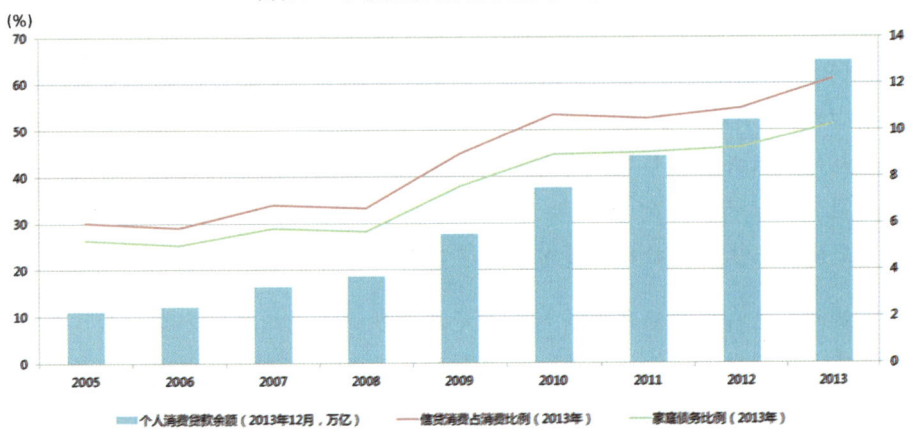

图表2-10：信贷消费占消费总额的比例（%）

资料来源：Wind

■ 宏观政策的"囚徒困境"（2008年以来）

2002—2006年间，中国经济取得了惊人的发展成就，GDP复合增长率达到9.96%；人均GDP从2002年的1131.8美元上升至2006年的2054.4美元；贸易依存度由2002年的36.1%上升至2006年的65.7%，由此也导致外汇储备在2003—2006年间累计激增8247.2亿美元，较1992—2002年间累计外汇储备高出209%。与出口快速增长相比，消费占GDP的比重则呈持续下滑趋势，内需增长严重滞后于经济增长和出口增长反映出中国经济陷入到愈加明显的结构性发展矛盾之中。同时，受产能增加生产部门所需的输入性经济要素（人才、自然资源、土地等）的价格呈现明显上涨趋势，企业相对较低的毛利空间和日趋激烈的出口竞争将会限制出口部门的投资增长。然而如上文分析，中国经济已形成对一般性商品出口及相关投资的单边依赖，这种依靠量化而不注重内部均衡的增长模式存在重蹈拉美危机或东南亚金融危机的风险。

2007年，中国政府前所未有的宣布对37%的出口产品调整出口退税，这被看做是政府调控劳动密集型出口行业发展、拉开经济转型的序幕。然而，2007年底爆发的美国次贷危机打乱了中国的宏观调控规划。特别是进入2008年，受金融危机影响，欧美市场订单大幅减少，长江三角洲和珠江三角洲等省份众多中小型出口企业相继倒闭，给中国经济带来很大负面效应。为应对金融危机，2008年的宏观调控政策经历了过山车式调整。从年初的"双防"到年中的"一保一控"，再到9月份的"保增长"，11月的"保增长、扩内需"，最后到年底中央经济工作会议提出"保增长、扩内需、调结构"，2008年成为中国经济形势最复杂、宏观调控难度与力度最大的一年。在刺激经济方面，从2008年下半年开始屡次下调人民币存贷款基本利率和金融机构存款准备金率，加大货币供应量。2008年11月以后，政府陆续出台"4万亿元投资计划"、"十大行业振兴与调整规划"等一系列宏观经济刺激方案，旨在"保增长、促就业、调结构"。到2009年，中国政府已经释放了8万亿元的信贷和10万亿元的货币供应，对经济复苏发挥了巨大的作用。

然而，这种以权宜之计应对短期危机的饮鸩止渴的救市方案引起了各界的争论。反对者们认为，仅靠4万亿元投资是无法真正解决中国经济的根本发展矛盾，政府大把花钱去解救一个天生畸形的病人不如重启改革和开放，从体系上和结构上防止更多的畸形病人的出现。赞同者认为，中国政府面对的是13亿多人口且地区发展不均衡和外部局势骤变的局面，历史上任何一个国家和地区的经济发展过程中都不曾有过中国这样复杂的政治经济关系。自由市场经济主义开出的药方如果不能保证政策的稳定性和连续性，不能处理好整体利益和局部利益的关系，经济转型将可能演变成一场催生畸形病人的过程。综上所述，在"保就业、促增长"的压力下，中国宏观经济调控政策似乎陷入到"囚徒困境"。

与刺激需求一样，优化供给也是改善总需求不足的有效手段。2000—2007年间，资本对GDP的增长贡献达到66%，成为推动中国经济增长的主要动力，反观附加人力资本的劳动和全要素生产率对经济增长的贡献出现了明显的下滑，后者主要受技术进步和市场化程度两项因素下滑影响。这说明，在市场化水平不断提升的前提下，资本投入的高速增长和金融市场的不完善导致一系列资源错配问题，如资金流向不合理、产业结构失调和资源配置不合理等（图表2-11），最终导致技术进步的市场转化效率低下。

图表2-11：供给因素对经济增长的贡献率（%）

| 供给因素 | 1979–2007 | 1979–1989 | 1990–1999 | 2000–2007 |
|---|---|---|---|---|
| 一、资本 | 53.5 | 43.6 | 54.5 | 66.0 |
| 二、附加人力资本的劳动 | 25.3 | 45.6 | 14.7 | 10.5 |

（续表）

| 供给因素 | 1979—2007 | 1979—1989 | 1990—1999 | 2000—2007 |
|---|---|---|---|---|
| 其中：人力资本 | 12.2 | 22.87 | 6.0 | 5.28 |
| 从业人员数 | 13.1 | 22.73 | 8.7 | 5.26 |
| 三、TFP | 21.2 | 10.8 | 30.8 | 23.5 |
| 其中：技术进步 | 9.6 | 6.57 | 14.3 | 7.9 |
| 市场化程度 | 15.89 | 14.13 | 23.69 | 8.56 |
| 对外经济开放程度 | 5.24 | 1.56 | 6.09 | 9.24 |
| 其余部分 | -9.54 | -11.5 | -13.24 | -2.23 |

资料来源：陈彦斌和姚一民《中国经济增长的来源：1978—2007年》

另一方面，中国在2001年底加入WTO以后，外贸增长成为推动经济增长的重要力量之一。不过，中国出口商品多被看做是劳动密集和资本密集型产业，产业附加值较低，对技术进步要求不高。许多中国制造企业热衷于上规模和低价格的经营策略，在争取不断增长的出口份额的同时却并不关注技术升级问题。因此，在欣欣向荣的出口市场支撑下，技术进步对中国经济增长的贡献也在不断下降。

【出口导向政策导致的问题】

从微观经济方面说，出口导向战略固然使需求不再受本国收入的限制，但却可能导致劳动密集型产品的"专业化"，削弱长期增长的潜力；而出口以外的部门则可能长期维持在欠发达的层次。中国面临的处境正是如此。出口企业深入参与全球产业分工，并在产业价值链中占据低附加值的加工制造环节，依靠外国进口的设备和本地廉价劳动力，从日本、韩国、中国台湾等地进口中间投入产品，在本地组装后再出口到美国、日本和欧洲市场。由于出口产品附加值和盈利率过低，我国许多出口企业只能"以量取胜"，靠增加出口数量来维持。而这种出口战略不可避免地导致贸易摩擦、倾销诉讼的增多和增加出口的困难。于是，就出现了这样的情况，我们"消耗了大量不可再生资源，承受着环境污染，背负着'倾销'恶名，可是利润的大头却不在自己手里"。显然，在我们农村存在大量剩余劳动力需要就业，资源瓶颈还没有像现在这样收紧的情况下，充分发展劳动密集型的加工业还是利大于弊的。而当条件发生了变化，所谓"刘易斯拐点"已经或者将要出现，本国技术力量已经成长起来的时候，这种状况就无论如何也不应当继续下去了。

从宏观方面说，与投资驱动增长模式向配合的出口导向政策虽然在20世纪后期对支持经济高速增长起了重要的作用，但是到了本世纪初期，它的消极影响也日益地显露出来，出现外部经济失衡的局面。它的主要表现，是这一政策的成功实施造成了巨额贸易盈余，使中国与贸易对象国家之间的贸易摩擦加剧，开形成本币升值的巨大压力。如果这个时候进行汇率形成机制的市场化（或称自由化），盈余国家的本币会自然升值，从而恢复国际收支平衡。但是，采取这种办法必然对出口企业形成进行技术创新和产品升级的巨大压力；而原有利益格局的惯性，往往使汇率改革政策不能及时推出。为了保持本币的低汇率，中央银行不得不通过入市干预，大量购买外币。这样做的后果是造成货币超发，流动性泛滥，形成三种可能的局面：一是房地产、股票、收藏品等资产价格膨胀，形成"资产泡沫"；二是一般商品价格的上涨即通货膨胀；还有一种可能是二者兼而有之，不管出现了哪种情况，一旦遇到冲击，例如国际市场的波动，整个经济体系或金融体系就会发生系统性风险，处置不当，甚至会陷入长期衰退。

吴敬琏著《中国增长模式抉择》（增订版），上海远东出版社（2011）

## 从先富到共同富裕

中国发展的根本目标是走向共同富裕,"让一切创造社会财富的源泉充分涌流,让发展成果更多更公平惠及全体人民"[19],这既是经济目标,也是政治目标[20]。经过30多年发展,中国人均GDP由1978年的381元增至2003年的41,908元,从低收入国家升至中等收入国家。1978年以来,中国已有近2.5亿人脱贫,是唯一提前实现联合国千年发展目标中贫困人口减半目标的国家。

与共同富裕水平相比,先富的速度和程度更超出了预期。根据《招商银行私人财富报告》数据(图表2-12),2013年中国高净值人群数量达到84万人,人均持有可投资资产为3,180万元,高净值人群持有的可投资资产总规模达到27万亿元,约占中国个人持有可投资资产总规模的29.3%。其中,个人资产超过1亿元的高净值人群数量为5万人,合计持有8万亿元的可投资资产。即约占中国总人口0.003%的最高净值人群控制了8.7%的可投资资产。

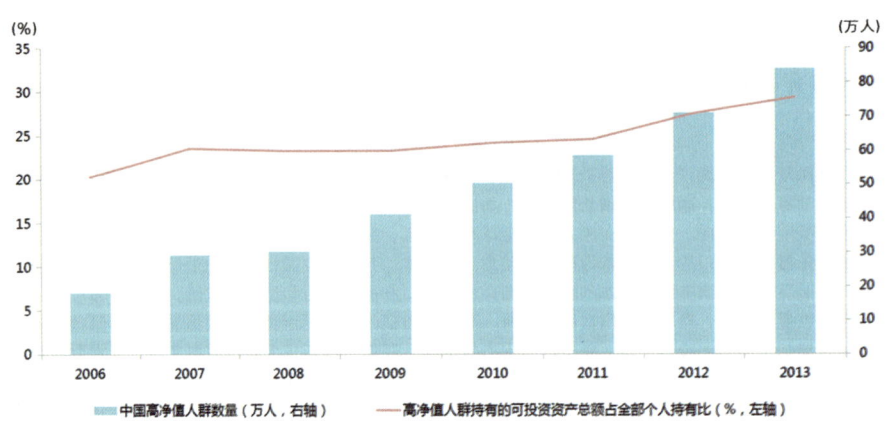

图表2-12:中国高净值人群数量与持有的可投资资产情况

资料来源:《招商银行私人财富报告》、CCRD

中国的基尼系数变化也从一个反映了日益凸显的贫富差距问题(图表2-13)。上世纪90年代以来,随着市场经济和非公经济发展,中国的基尼系数呈快速上涨趋势,2000年以后始终高于0.4的国际警戒线,贫富差距问题已成为影响中国经济与社会稳健发展的重大挑战之一。如今,先富起来的群体,如个体工商户、民营企业主、职业经理人、演艺和体育等专业人士及

---

19 《中国共产党十八届三中全会公报》。
20 《邓小平文选》第三卷,第77页,人民出版社(1993)。

少数利益寻租者等,他们已对经济和社会拥有着很大的影响力,成为利益多元化的重要构成。但与多数中低收入者相比,高收入群体的利益诉求是不同的。前者希望获得更高的收入以及较为稳定和低成本获取教育、医疗和社会保障的机会,后者则希望获取更多的公共权利和法律保障。由此可见,在先富走向共同富裕的道路上,新的问题和矛盾已不再主要体现在经济层面,也体现在社会层面。如何在一部分人先富起来的情况下最终实现共同富裕,是中国经济转型成功与否的的决定性社会因素。

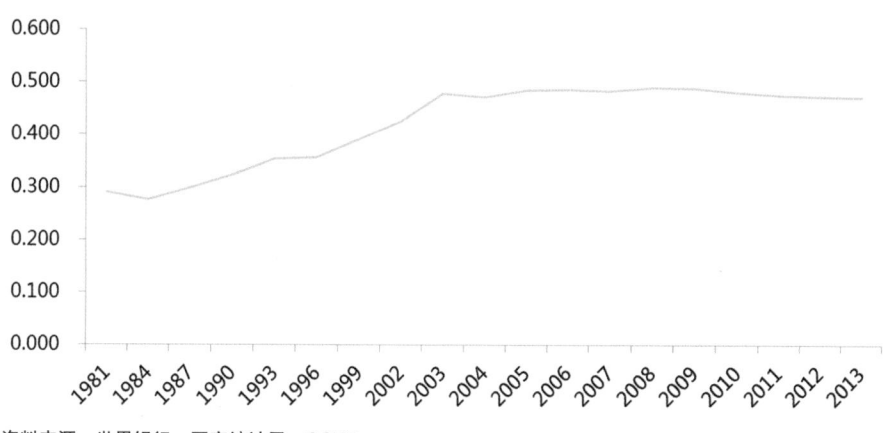

图表2-13:中国基尼系数(GINI)

资料来源:世界银行、国家统计局、CCRD

从这个层面讲,出于对大众利益的整体考虑及政府维护稳定的需要,经济转型仍将沿袭自上而下的体制建构和渐进式改革思路,政府将会通过扩大转移支付、公共产品和社会保障支出,改善能够让一部分人先富起来的同时又保持社会整体稳健发展,其重要的经验是自上而下的改革道路与自下而上的财富创造过程相结合,即稳定的政治体系与活跃的经济体系交替发挥作用,推进了各个阶段性改革目标的逐步实现。反之,缺乏创新激励机制就难以促进新的利益集团的产生,改革将会受到过多传统的束缚而难以推进。同理,均贫富的改革思路也无助于打破政治均衡状态,改革就会流于形式。

## 供给侧改革与文化产业 | 3

> 文化产业兼具普惠性、大众性、知识性、消费性及显著的市场增量性,是供给侧改革较为理想的先导产业及市场抓手。

### 重启改革

虽然市场化程度仍有待提升,但中国在30年内还是非常成功的实现了从计划到市场的转型。我们在前面的分析中回顾总结了转型的过程,特别指出了自上而下的政府宏观经济管理制度的渐进式改革与创新是如何在微观层面不断激活了自下而上的企业的经济创造力。从发展经济学要素管理角度看,以下几点在上述经济转型过程中具有决定性意义,这既是过往改革的经验,也构成了既往改革的要点。

首先,经济转型与改革始终处于发展与稳定的博弈状态之中,促进经济不断增长、摆脱贫穷落后状态和实现共同富裕则是去除思想分歧和改革阻力的共识。在共同富裕目标仍未彻底实现的前提下,发展与稳定仍是宏观经济管理的首要任务,任何一步到位式的经济转型要求或改革诉求都不符合中国国情,因此自上而下的经济管理体制和渐进式改革仍会成为一种常态,但市场机制将发挥更加突出的资源配置作用。换句话讲,改革仍将围绕总体布局、搞活市场为基础原则,供给侧更加强调了市场的活力,特别要发挥"市场供给"满足"市场需求"的机制灵活性,搞活但又不是总控目标(共同富裕)。

其次,经济要素比较优势的充分运用是中国经济转型的成功关键。30多年前,中国启动改革开放的时机恰逢发达国家即将走出经济滞涨,始源于英国和美国的新自由主义(Neoliberalism)和市场经济机制推动全球经济一体化加速发展。中国拥有全球近20%的人口,丰富、价格低廉且行动统一的劳动力资源成为了全球经济一体化过程中难得的优质资源。而中国的改革也致力于彻底解放农村剩余劳动力和资源束缚,劳动力和土地等资源持续稳定的入市成就了一个内外结合的经济增长奇迹。从发挥经济要素比较优势角度看，日韩、"亚洲四小龙"、东南亚甚至拉美等众多国家，都不具备中国这样的规模优势和资源优势可持续性。因此，中国经济增长与全球化是一种互为成就关系，而并非谁成就了谁。

有观点认为中国的人口红利正在消失，中国不可能还依赖劳动力优势保障经济发展优势。本质讲，经济转型的根本目标是向更高的发展阶段迈进，即要求构建新的经济要素组合模式，重点建立对核心要素的掌控能力，发挥其对经济持续发展的领导作用。反之，缺乏对关键经济要素的积累和能力转化，一个国家可能会因此掉入发展陷阱而致经济停滞不前。与历史对照，未来供给侧改革的核心激励点应集中于重构经济要素比较优势，从劳动力、土地和资本等传统优势层面升级至知识、技术及资源价值（土地和资本）等层面，从价格关注到价值关注。其中，作为超级人口大国，从劳动力成本到人力资本的转化，仍将是中国经济转型和供给侧改革的重点。现阶段，中国互联网经济发展状况较好，正是人力资源优势和知识创造力的一种体现。同样道理，中国文化产业的知识经济创造力一旦成气候，也将会产生不可限量的市场红利。

第三，消费、投资与出口是互为递进的关系，而不是相互压制。中国经济增长模式通常被错误理解为出口导向型，过高的贸易依存度和出口制造部门先导也常常被片面理解为中国经济存在严重的结构性问题。事实上，从20世纪八九十年代的消费需求膨胀，到21世纪以来的投资需求膨胀，中国经济增长整体处于总需求大于总供给的状况中。在以支出法核算的三大需求对经济增长的贡献率和拉动效应方面，出口因素仅在1995年经济"软着陆"后短暂成为重要力量，消费与投资则先后在两个时期成为主导的力量。

将出口部门的活力认定为中国经济增长的问题所在是片面理解了上述经济要素的比较优势。前面的分析已指出，中国经济转型的政治经济学是脱贫和共同富裕，经济发展模式选择和改革成就等都体现在人均收入的增长。当经济要素比较优势可以在出口方面为经济增长带来更多和快速的财富效应时，鼓励出口自然会成为一种选择。反之，如果出口增长不能带来持续的财富增长，包括汇率、税收、劳动法等贸易保护和促进手段就会逐渐让位于市场机制，而不必过度忧虑于出口部门。海外市场更像是有助于中国经济增长的"蓄水池",而不是核心水源。换句话说,只要消费率不断提高,出口部门并不会天然的成为宏观经济主导者。大力发展服务业,让人来消费服务,再让人来服务人,这是发达国家得以实现内部化"循环"经济发展的关键。而未来改革的核心,也正是要在内需和服务业方面下功夫。

第四,有效供给与有效需求不对称是中国经济突出的结构性问题。1978年以来的宏观经济管理长期关注总需求膨胀,但自中国加入WTO以后,贸易及与之相关投资的增长使总需求膨胀逐渐外化,这导致在一般性消费支出领域之外,如医疗卫生、教育、社会保障等领域的供给不足,进而又压制了一般性消费支出预算的规模。此外,调节总需求膨胀的另一个手段是优化供给,但政策对投资和出口的过度倾斜所产生的短期市场繁荣现象并不利于激励企业创新,促进企业在微观层面改善供给能力。上述两种情况导致,在总需求膨胀的背后是有效供给与有效需求的长期不对称。对此,我们不能片面的将问题抛给供给端,片面的将责任甩给服务业不发达或社会公共服务体系的供给不足。13亿人就会有13亿种需求,即使发达国家或完全市场化手段,也难以真正满足每一个人的个性化消费需求。解决问题的关键是解决核心需求,这是解决有效供给不足的关键点。什么是核心需求,以发达国家和成熟社会的经验看,就是中产阶层所代表的消费层次和需求。

可见,过去30多年中国社会当前所暴露出的有效需求和有效供给不足的问题,核心在于社会结构不断变化,中产阶层不够强大和稳定。前文已经强调,共同富裕是改革的终极性目标,而这是社会总供需关系均衡的前提。因此,供给侧改革强调增加有效供给,但其发展的核心逻辑必然是围绕中产阶层主导的社会基础结构,而不仅仅是为了满足需求而创造供给。近期,有关网络约车市场管理出现的争论,本质上正是上述所谈的核心需求、社会结构、消费层次和有效供给之间的不一致、不均衡的问题。

第五,在改革的总体目标下,并不存在"国退民进"或"国进民退"的争议。社会整体(而非一部分先行者)的发展与稳定是改革的政治经济学评估框架。发展的道理很清楚,稳定主要包括三层含义:其一,经济发展要平稳健康,不能大起大落,不能坐过山车,但又必须保持一定的增长速度。因此,一切有利于促进生产力发展的经济方法都可以加以利用,面对经济失衡的状况需要以宏观调控方式予以调整。这一点,深刻地体现在1978年以来的宏观经济流量管理措施方面。其二，整体改革推进是建立在"四项基本原则"基础之上，政治体制改革服务于经济发展所需，但并不是由经济发展主导。政治体制稳定也是确保经济平稳、健康、持续发展的重要保障。如果在结果上可以实现经济的持续稳健增长，在过程中也并不严格界定公有和非公有的界限，因此所谓的"国退民进"或"国进民退"分歧并不是市场化改革的长期目标的承诺，而是对发展、开放（改革）、稳定三者关系的辩证思考与政治经济学分析的博弈结果。例如，在改革开放初期为解决总供给不足问题提出"国退民进"，而进入21世纪后面对经济高速增长的态势以及国有经济占比逐年下滑趋势，又通过设立国资委体系逐步加大了对重点行业的国有控制力。

所以，关于供给侧改革而言，并不能用简单的"国退民进"或"国进民退"的思维来评估其是否取得实质进展。只要发展与稳定、先富与共同富裕、消除二元社会结构等改革目标未完成，政府与市场、国有与非国有等都将并行存在。它们之间的关系或孰强孰弱，将在供给侧改革的目标原则下存在阶段性关系微调，其核心在于对有效供给的经济评价和社会评价。

根据对中共十八届三中全会上《中共中央关于全面深化改革若干重大问题的决定》的解读并结合上文分析总结，我们认为未来中国经济转型与深化改革的目标、任务与挑战如下：

首先，坚持稳中求进的经济工作总基调，供给侧改革仍将围绕扩大对内开放、增强市场机制、突出经济增量的目标而推进。同时，会更加致力于"推动发展成果更多的更公平惠及全体人民"，推动从先富走向共同富裕。为了确保改革的"系统性、整体性、协同性"，宏观经济管理仍将保持自上而下的建构和调整方式，推进实现"市场在资源配置中起决定性作用"。这或许意味，去产能并不是供给侧改革的核心目的，文化、体育、卫生、教育等既具有增量经济效应同时又有普遍社会价值的产业和市场领域，会成为供给侧改革最大的标的。换句话说，在追求经济效应和社会效应均衡性时，在供给端和需求端都能能够创造增量市场的服务性产业和市场领域，更有意义长期推动供给侧改革。

其次，充分考虑经济要素的现实状态和比较优势，不再单纯依赖土地、劳动力、资本等一般要素的投入规模驱动粗放经济增长方式，促进在市场经济机制下增强"劳动、知识、技术、管理、资本等要素活力"，推动实现创新驱动的经济增长方式。特别是建立促进知识创新、技术创新和管理创新的机制和条件，提升企业的供给水平和竞争力。此外，跨界资源整合创新与跨界商业模式对于提升经济存量转增量的作用日渐突出。比如，对于一个知识水平相对较低农民工而言，其劳动力成本的回报率相对较低，但其可能具备较高的表演天赋，只要能给其一个表演的舞台，其表演人才的价值就可能带来较大的回报。以这样的思路看，房地产经济固然需要，但依托房地产而创建的"舞台"似乎更有需要。从地产经济到地产经纪，带来了无限延展的供给侧改革下的市场红利。

第三，继续围绕消费与投资为主导、出口为辅的经济增长路径，在总量管理和调控机制上促进消费、限制盲目投资和重复建设、鼓励优化供给和全球资源整合型投资。会逐步建立起宏观经济创新管理机制，在动态环境中洞悉有效供给和有效需求的均衡状态。需要特别强调的是，在技术创新日新月异，商业模式创新重构供求关系的今天，宏观管理者和政策制定者要增强对微观商业的了解，认知新商业及商业模式创新。特别要加快和加深对互联网、移动互联网等新技术应用所带来的多方位创新的认知，提升对文化、创意、体育等产业的跨界商业延展能力的理解。

第四，通过深化改革释放市场红利，在文化、体育、医疗卫生、教育、能源、交通、金融等众多领域释放有效供给空间，缓解居民需求约束压力，进而彻底解决有效供给与有效需求不对称的矛盾。为此，要继续发挥自下而上的改革动力和创新力，并通过体制创新使改革的红利真正普惠大众。

第五，在改革的道路上，在市场普惠和利益普惠的均衡发展过程中，国有和非国有经济仍需一定时期并存，有序共荣发展。一方面，改革、改善收入和财富分配机制和调节机制，促进中产阶层增长，提示核心需求的集中度和有效程度。另一方面，政府应参与文化、教育、医疗等普惠性产业的市场化改革发展，兼顾大众，避免出现高端和高消费趋势，防止扼杀中产及低收入群体的消费需求。

供给侧结构性改革的重要内容是优化存量、引导增量、主动减量。大力推动供给侧改革，需要一个引领性产业和市场抓手，它既要能在供给端创造无限的增量空间，包括自身的产业增量空间、跨界市场增量效应和边际收入。同时，应能在需求端被消化并展现出价值，包括了市场价值和社会价值。综上所述，文化是较为理想的供给侧改革先导产业。

## 文化是引导改革增量的支柱型产业

政策支持、消费升级、科技进步和商业创新将共同助推文化产业的爆发式增长。政策方面，"十三五"规划纲要提出，"十三五"期间要实现"公共文化服务体系基本建成，文化产业成为国民经济支柱性产业"的目标。文化软实力的增强已上升为国家意志，表明中央在"十三五"时期大力推进文化产业发展的决心和信心。

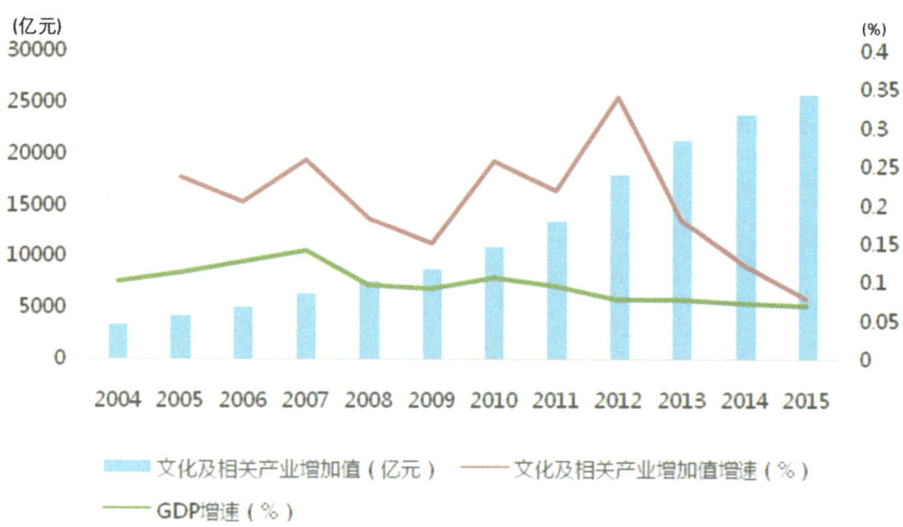

图表 3-1：中国文化及相关产业增加值增速与 GDP 增速对比

资料来源：国家统计局、CCRD

中国经济发展与居民消费水平的提升，对文化消费的需求明显大幅提升，以文化产业为代表的非生活必需品代表了未来中国社会消费升级的发展方向。文化产业已成为近年来引导增量的支柱性产业。近年来，国内文化产业保持了高于GDP的增长，文化产业占GDP的比重也稳步提升（图表3-1）。2004年文化产业占GDP的比重仅为2.13%，2015年提升至3.77%（图表3-2），但与其他国家相比仍然较低，具有极大的增长潜力（图表3-3）。

图表 3-2：中国文化产业占 GDP 比重（%）

资料来源：国家统计局、CCRD

图表 3-3：主要国家文化产业占 GDP 比重（%）

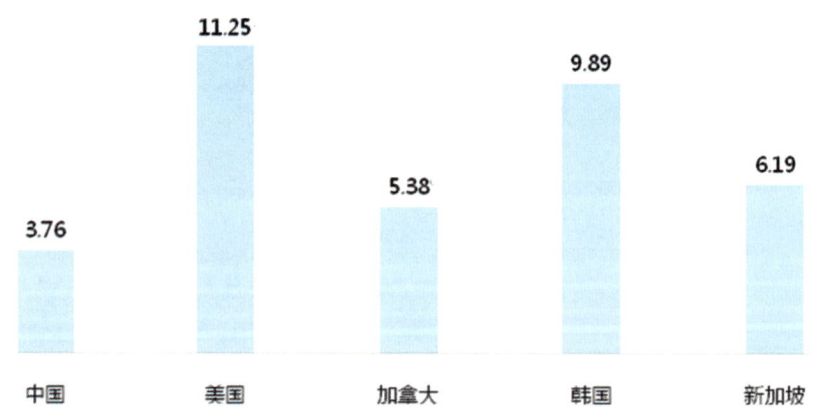

资料来源：《中国文化及相关产业统计年鉴 2015》、CCRD

不同文化子行业的发展速度差异较大。电影和网络新媒体等领域飞速增长（图表 3-4），这既反映了人们对文化产品的强劲市场需求，也代表了以互联网应用为代表的技术创新对增强供给水平的价值。技术进步是产业发展的根本推动力。当前，以信息技术、3D、IMAX、VR、智能电视、智能硬件等为代表的技术进步正在重塑整个文化行业的面貌。全球化与科技进步助推了文化产业与众多产业的跨界融合，新商业模式层出不穷，有效地拓展了行业覆盖面，充分挖掘了市场潜力，进一步推动了行业的爆发式增长。

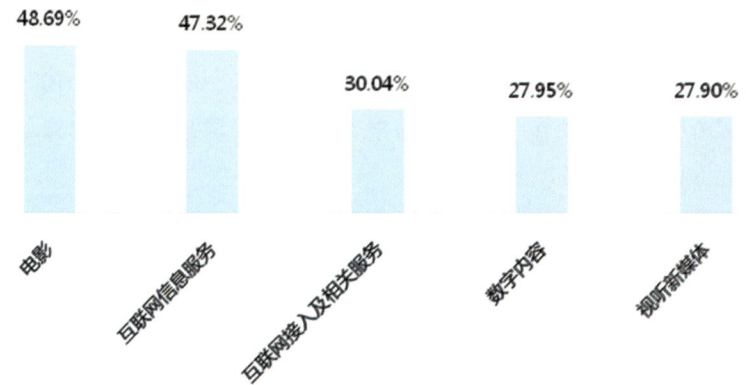

图表3-4：2015年发展增速较快的文化子行业

资料来源：广电总局《中国广播电影电视发展报告》，工业和信息化部《电信行业统计公报》，新闻出版总署《新闻出版产业分析报告》，中国网络视听服务协会《中国网络视听发展研究报告》，CCRD

总体看，国内文化产业保持着总体控制与局部繁荣的发展格局。在文化产业供给端，因社会价值观、市场准入、外资准入等因素影响，中国文化产业整体表现为大而不强，消费者的有效需求满足性不高。通过供给侧改革，加大文化产业的对内开放程度，鼓励和促进各路资本和文化企业间的融合，做大做强文化企业集团，促进文化内容和产品能够在主旋律和主流市场创造更多的市场增量效应，提升有效供给水平。

## 文化产业是优化存量的关键突破点

供给侧改革的目标是"落实好以人民为中心的发展思想"。文化产业的核心创造载体是人，其产品体现了人与人、人与社会的关系，优秀的文化产品最终会影响到人与社会的进步。21世纪以来，个体和群体的创意和创新是文化产业的主要推动力量，文化软实力和创新力成为世界各国都格外重视的隐形财富。文创经济不仅通过创造价值来驱动增长，还成为整体经济内部创新体系的关键元素。

文化产业属于知识和创意创新经济范畴。创意经济的首要意义不仅源于其经济价值，还来自于其对新观念或新科技的出现，以及在变革过程中形成的人才体系及对社会创新体系的激励效应。发展文化产业，即是挖掘人力资本价值发展知识与创意经济，并通过好的内容和产品作用于人以拓展社会关系及其和谐性，在发展文化产业的同时激励全经济形态的创新。

## ● 文化产业带动其他产业发展

建立消费主导的宏观经济发展框架最终将决定于改革成效。文化产品除了自身具有较强消费价值，其更有庞大的衍生市场，可以直接和间接地拉动各种产业发展和商品销售。从发达国家看，文化经济的市场和产业拉动效应甚至远高于房地产经济。

根据钱纳里、渡边等经济学家提出的产业划分方法和产业经济学的相关理论，按照中间投入率和中间需求率的差异，把产业部门划分为4个不同的产业类型（图表3-4）。其中，中间产品型产业和最终需求型产业对其他产业具有较强的带动作用，二者的区别在于，中间产品型产业侧重于供给其他产业所需生产资料，最终需求型产业侧重于供给消费资料。

图表3-4：根据中间投入率和中间使用率划分产业类型

|  | 中间需求率≤50% | 中间需求率≥50% |
|---|---|---|
| 中间投入率≤50% | 最终需求型基础产业 | 中间产品型基础产业 |
| 中间投入率≥50% | 最终需求型产业 | 中间产品型产业 |

资料来源：《生产结构的国际比较》，CCRD

根据国家统计局2012年数据，将投入产出表简化为四部门，即第一产业、第二产业、第三产业（剔除文化产业）、文化产业，最终计算得出文化产业的中间投入率和中间需求率的结果如图表3-5。可以看到，文化产业的中间投入率为0.570248，明显大于一般服务业即第三产业的0.447941，说明文化产业具有很强拉动作用，在其自身的生产经营过程中，需要其他产业的大量投入，从而为其他产业创造需求、拉动发展；另一方面，文化产业的中间需求率为0.547538，大于一般服务业（第三产业）的0.529444，说明文化产业具有很强推动作用，可以成为其他产业发展的重要基础。

图表3-5：文化产业的产业带动作用（2012年投入产出表）

|  | 第一产业 | 第二产业 | 第三产业 | 文化产业 |
|---|---|---|---|---|
| 中间投入率 | 0.414471 | 0.770673 | 0.447941 | 0.570248 |
| 增加值合计 | 0.585529 | 0.229327 | 0.552059 | 0.429752 |
| 总投入 | 1.000000 | 1.000000 | 1.000000 | 1.000000 |
| 中间需求率 | 0.729689 | 0.715443 | 0.529444 | 0.547538 |
| 最终需求合计 | 0.270311 | 0.284557 | 0.470556 | 0.452462 |
| 总产出 | 1.000000 | 1.000000 | 1.000000 | 1.000000 |

资料来源：CCRD

从直接消耗系数来看，文化产业生产经营过程中，需要其他产业的投入比例依次是：第一产业 0.004979、第二产业 0.269517、第三产业 0.168294、文化产业内部 0.127458，由此可见文化产业对于第二产业的拉动作用是最大的。这一阶段性特征，使得文化产业的发展与我国经济改革和发展的实际需要紧密联系起来，大力发展文化产业，对于第二产业将带来最为直接和力度最大的拉动作用，一定程度上帮助化解制造业产能过剩。

图表 3-6：各产业直接消耗系数（2012 年投入产出表）

|  | 第一产业 | 第二产业 | 第三产业 | 文化产业 |
|---|---|---|---|---|
| 第一产业 | 0.137781 | 0.045413 | 0.011052 | 0.004979 |
| 第二产业 | 0.226535 | 0.613385 | 0.186578 | 0.269517 |
| 第三产业 | 0.043360 | 0.096315 | 0.232950 | 0.168294 |
| 文化产业 | 0.006795 | 0.015560 | 0.017360 | 0.127458 |

资料来源：CCRD

综上所述，文化产业正在逐渐成为国民经济的支柱性产业，通过创造需求拉动其他产业，提供产品推动其他产业，两个方向用力带动其他产业发展。

● 文化产业与其他产业深度融合

2014 年 3 月，国务院发布的《推进文化创意和设计服务与相关产业融合发展的若干意见》指出，到 2020 年文化创意和设计服务的先导产业作用更加强化，与相关产业全方位、深层次、宽领域的融合发展格局基本建立，相关产业文化含量显著提升，文化创意和设计服务增加值占文化产业增加值的比重明显提高，相关产业产品和服务的附加值明显提高，推动文化产业成为国民经济支柱性产业。

文化产业对其他产业的发展有较强的辐射和带动作用。新加坡国家统计局研究结果显示，2011 年新加坡文化产业对国民经济产出和增加值的乘数效应分别为 1.43 和 0.58（图表 3-7），即每增加一个单位文化支出，可以为新加坡经济增加 1.43 个单位的产出和 0.58 个单位的增加值。英国文化产业增加值链条完善，文化产业对经济的拉动作用更大。2011 年，英国文化产业对国民经济产出和增加值的乘数效应分别为 1.80 和 0.86。

**图表 3-7：新加坡和英国的文化产业对国民经济产出和增加值的乘数效应**

|  | 新加坡 | | 英国 | |
| --- | --- | --- | --- | --- |
|  | 产出 | 增加值 | 产出 | 增加值 |
| 1. 出版 | 1.33 | 0.72 | 1.70 | 0.72 |
| 2. 信息技术 | 1.27 | 0.61 | 1.54 | 0.88 |
| 3. 广播媒体和表演艺术 | 1.68 | 0.62 | 1.82 | 0.88 |
| 4. 电影 | 1.78 | 0.55 | 1.80 | 0.88 |
| 5. 建筑设计 | 1.66 | 0.70 | 1.60 | 0.95 |
| 6. 广告 | 1.63 | 0.48 | 1.70 | 0.94 |
| 制造业平均 | 1.41 | 0.49 | 1.90 | 0.83 |
| 服务业平均 | 1.49 | 0.75 | 1.70 | 0.91 |
| 文化产业平均 | 1.43 | 0.58 | 1.80 | 0.86 |

资料来源："世界主要经济体文化产业发展现状研究"课题组，《世界主要经济体文化产业发展现状及特点》，《调研世界》，2014（10）

采用图表 3-5、3-6 的数据计量标准，从产业经济分配系数看，文化产业的最终产品投入与其他产业生产的比重依次为：第一产业 0.010655、第二产业 0.290353、第三产业 0.119072、文化产业内部 0.127458（图表 3-7）。文化创意在农业生产和经营中的运用，可以使农业由原来的以自然条件为依赖转向对自然条件和创造能力的双重依赖，高科技农业、休闲农业、观光农业等新型农业形态的不断出现，极大地提高了农业的附加值。

文化产业与第二产业拥有更高的融合程度。大力发展文化产业并促进产业融合，帮助大量产能过剩、产品低端化和同质化的第二产业及相关企业完成产业升级和商业模式创新，帮助第二产业实现向微笑曲线价值链两侧移动。比如，近年来在国内兴起的 IP[21] 热，就是将文化创意产业活动产生的具有较高认知度的各种知识产权（肖像权、著作权、版权等）广泛应用于各行各业，创造了跨界合作的 IP 衍生市场。

**图表 3-8：各产业直接消耗系数（2012 年投入产出表）**

|  | 第一产业 | 第二产业 | 第三产业 | 文化产业 |
| --- | --- | --- | --- | --- |
| 第一产业 | 0.137781 | 0.540392 | 0.048341 | 0.003175 |
| 第二产业 | 0.019037 | 0.613385 | 0.068578 | 0.014443 |
| 第三产业 | 0.009914 | 0.262043 | 0.232950 | 0.024537 |
| 文化产业 | 0.010655 | 0.290353 | 0.119072 | 0.127458 |

资料来源：CCRD

---

21　英文 Intellectual Property（知识产权）的缩写，现广泛应用于文创经济领域。

从产业分类角度看，文化创意产业属于第三产业，二者具有天然融合性。与传统服务业不同，文化创意产业更加注重精神层面消费和创新性，同时又融合了技术创新和商业模式创新。因此，文化创意产业即使作为服务业的一部分，也不是通常意义上的传统服务业，而是知识、创意和服务相融合的知识密集型和资本密集型服务业。

文化创意产业化作为时代发展的潮流已为世人关注，文化创意产业将会成为这个时代的主导性产业，并且与传统产业发生融合。这种融合的结果就是使各产业的知识、技术集约化程度和趋势加强，产业界限趋于模糊，特别是某些产业如高科技产业的渗透性和扩散性把原来的传统产业高级化了，注入了文化创意要素的新经济形态不断迸发，各产业向价值链高端不断迈进，从而促进了产业之间和产业内部的更迭和转换。

## 文化产业是供给侧改革的精神载体

发展文化产业是提升国家软实力的重要基础。"软实力"（Soft Power）由美国哈佛大学教授约瑟夫·奈（Joseph Nye）提出。在《美国定能领导世界吗？》（Bound to Lead：The Changing Nature of American Power）书中，约瑟夫·奈指出，一个国家的综合国力既包括由经济、科技、军事实力等表现出来的"硬实力"，也包括以文化和意识形态吸引力体现出来的"软实力"。"硬实力和软实力依然重要，但是在信息时代，软实力正变得比以往更为突出。"人们从关心领土、军备、武力、科技进步、经济发展、地域扩张、军事打击等有形的"硬实力"，转向关注文化、价值观、影响力、道德准则、文化感召力等无形的"软实力"。

今天，中国的经济实力已经稳居全球第二，"硬实力"增长很快。但与此不相匹配的是，中国的软实力尤其是文化软实力还较弱。在PORTLAND公司公布的2016年全球软实力排名中，美国名列第一，中国名列第二十八位（参见图表3-9）。当前，中国文化软实力的现状和世界影响力与中国经济的全球地位不匹配，中国的文化产品很难具有全球影响力，本土市场又充斥着欧美日韩等各种外国文化产品。

图表 3-9：全球软实力排名

| 国家 | 排名 | 得分 | 国家 | 排名 | 得分 |
| --- | --- | --- | --- | --- | --- |
| 1 | 美国 | 77.96 | 16 | 新西兰 | 61.51 |
| 2 | 英国 | 75.97 | 17 | 奥地利 | 60.99 |
| 3 | 德国 | 72.60 | 18 | 比利时 | 59.70 |
| 4 | 加拿大 | 72.53 | 19 | 新加坡 | 58.09 |
| 5 | 法国 | 72.14 | 20 | 爱尔兰 | 57.02 |
| 6 | 澳大利亚 | 69.29 | 21 | 葡萄牙 | 51.79 |
| 7 | 日本 | 67.78 | 22 | 韩国 | 51.44 |
| 8 | 瑞士 | 67.65 | 23 | 波兰 | 48.07 |
| 9 | 瑞典 | 66.97 | 24 | 巴西 | 47.69 |
| 10 | 荷兰 | 64.14 | 25 | 希腊 | 46.98 |
| 11 | 意大利 | 63.79 | 26 | 匈牙利 | 46.96 |
| 12 | 西班牙 | 63.47 | 27 | 俄罗斯 | 46.58 |
| 13 | 丹麦 | 62.57 | 28 | 中国 | 45.04 |
| 14 | 芬兰 | 62.13 | 29 | 捷克 | 44.43 |
| 15 | 挪威 | 61.64 | 30 | 阿根廷 | 44.17 |

资料来源：PORTLAND，《The Soft Power 30 (2016)》

习近平总书记曾指出："文明特别是思想文化是一个国家、一个民族的灵魂。无论哪一个国家、哪一个民族，如果不珍惜自己的思想文化，丢掉了思想文化这个灵魂，这个国家、这个民族是立不起来的。本国本民族要珍惜和维护自己的思想文化，也要承认和尊重别国别民族的思想文化。"[22]

在中共建党 95 周年庆祝大会的重要讲话中，习近平指出"文化自信，是更基础、更广泛、更深厚的自信"。文化自信成为继道路自信、理论自信和制度自信之后，中国特色社会主义的"第四个自信"。强调文化自信，实际上是希望通过现代方式赋予中国传统文化新的活力和生命力，让中国的文化重回世界先进文化的行列。"文运同国运相牵，文脉同国脉相连。"[23] 在主持中共十八届中央政治局第十二次集体学习时，习近平总书记讲话指出，提高国家文化软实力，关系"两个一百年"奋斗目标和中华民族伟大复兴中国梦的实现。

22 引自出席纪念孔子诞辰 2565 周年国际学术研讨会暨国际儒学联合会第五届会员大会开幕式讲话。
23 习近平在第十次文代会、第九次作代会开幕式上的重要讲话在市场经济和商品经济高度发达的当代,任何文化与文明都不能脱离经济产业而抽象存在,一个国家的文化产业正是这个国家文化与文明的载体,发展文化产业是坚定文化自信的根本路径。源远流长、博大精深的中华文明与中国的文化为中国文化产业的发展提供了最宝贵的创作土壤,而文化产业正是中华文明传播与传承的最佳方式。习近平总书记指出,"要使中华民族最基本的文化基因与当代文化相适应、与现代社会相协调,以人们喜闻乐见、具有广泛参与性的方式推广开来,把跨越时空、超越国度、富有永恒魅力、具有当代价值的文化精神弘扬起来,把继承传统优秀文化又弘扬时代精神、立足本国又面向世界的当代中国文化创新成果传播出去。"

发展文化产业也是推动社会进步的重要力量。文化产业与工业经济模式不同,其产品具有大多数其他产品不具备的象征性和意识形态成分。文化产业产生的成果有助于改善社会整体福利、提升个人自尊和生活质量、促进对话和增进凝聚力。此外,文化产品消费属于典型的边际型,经典永不过时,不存在所谓的过期和必然的消费群体。这对于宏观经济管理而言,不必像钢铁行业那样,其有效供给和有效需求的均衡状态管理可以交给市场,交给消费者,交给时间。大力发展文化产业,鼓励和推动实现需求者创造需求,这将给文化产业繁荣发展带来持续的循环增长空间。对于供给侧改革,这是量价齐升的好结果。

文化产品受众广,易于传播,便于消费,能够很好适应中国特有的二元消费结构,文化产品或许是最能够体现"共同富裕"的消费品。特别是,互联网和移动互联网的发展,文化生产准入门槛降低,生产成本降低,效率大幅提升。人人都是演员,人人又都是消费者。从这个层面讲,供给侧改革应大力扶持文化产业的全民创造和创新。政府同样可以利用市场的手段和技术的工具,搭好平台,管理好内容和用户入口,以确保传播社会主流发展价值观得以有效传播。

综合来看,文化产业兼具普惠性、大众性、知识性、消费性及显著的市场增量性,是供给侧改革较为理想的先导产业及市场抓手。大力发展文化产业,既是经济发展所需,更是社会进步的必然结果。在供给侧改革的指引下,中国文化产业繁荣大发展值得期待。

# 中篇　新技术、新商业和新趋势

## 可预见的未来 | 4

> 过去 20 年来，苹果所处的位置，正是计算机技术和消费电子市场交汇处。所以，实际情况并不是我们一定要过河才能到达彼岸的某个地方，而是彼岸世界正向我们走来。
>
> ——史蒂夫·乔布斯（Steve Jobs）

以优化供给促进消费需求结构改善将是未来中国经济转型的核心内容和挑战。前者要求做好技术创新、结构创新和体制创新。后者则有赖于有效供给能力的增强。在有效需求与有效供给之间建立起更为紧密的商业联系，要顺应时代变迁和商业变化，在合理取势的基础上才能做好创新。因此说，在今天这样一个全新的商业时代，传统经济模式中的经济转型路径或许已无法适应今天的情况，而 13 亿已经逐渐富裕起来的中国人所可能创造出的需求状况，也会远远超越许多发达国家所曾面对过的市场机遇。

从某种意义上讲，未来改革的真正挑战不仅涉及政企关系，更重要的是市场主体适应及满足市场和用户需求的能力。换句话说，供给侧结构性改革的"根本目的是提高社会生产力水平，落实好以人民为中心的发展思想"。要"使供给体系更好适应需求结构变化"，首先必须清楚在新的商业时代，什么才是真正的需求？满足需求，又应以怎样的创新思维去实现？

### 从蔡伦到谷歌

在 1944 年出版的《启蒙辩证法》（Dialectic of Enlightenment）书中，

霍克海默和阿道尔诺[24]提出了"Culture Industry"的概念，被理解或翻译为"文化产业"或"文化工业"。以工业或商品经济的范畴认知文化，表明文化在二战前已经成为了大众化、商品化的消费品，文化商品和汽车这样的商品一样，是能够被以工业化的方法生产、流通和消费。从现代商业社会发展角度看，这样的定义是人类文化发展的一次重要进步。那时的文化产业主要指电影、杂志和广播等形态。

文化产业的进步性首先来自于技术创新对生产的改变。在此之前，无论是甲骨文、竹简书、蔡伦造纸还是活字印刷，文化经济长期存在于一个可以被简单称之为"出版"的形态之中。电影的出现彻底改变了舞台剧的生存和生产方式，唱片的诞生彻底改变了歌剧和交响乐的艺术形式……一切文化形态都可以从生产的角度和服务的形式被加以设计、生产和销售。

文化产业的第二次革命始于20世纪八九十年代，数字电影、数字电视、数字音乐、数字通信卫星……数字技术发展推动文化产业的生产效率和生产方式都取得了巨大进步。同时，受益于终端设备制造成本的快速下降，彩电、DVD、游戏机、MP3、摄像机等家庭娱乐设备快速普及，文化产业进入一个供求两端齐繁荣的发展阶段。

21世纪的文化产业属于互联网，如同很多产业一样，互联网对文化产业的革命是深远的。从本质上讲，文化是精神层面的事物，文化产业是以生产和提供精神产品为主要活动，满足人们的精神消费需求。在互联网出现之前，文化生产一直呈现出明显的自上而下垂直型等级，有限的文化传播渠道更加剧了文化产业的中心化。因此，传统文化一向认为：只有依靠理性逻辑思考，才能掌握真理。

传媒业的发达和教育的发展增强了人们认知世界的能力。借助数字技术和互联网等各种广泛的传播渠道，知识信息化及信息被高效率地自我复制和自我区分，造成信息化产品在社会中的泛滥和不断重复。人们在碎片文化环境中形成了新的生活思考与价值判断方法，人们不再独立"思考"，但这并不意味着人们真的不再思考了，而是现代人拒绝以传统的理性逻辑思维方式，换之以最适应社会文化高度变化的非确定性思考方式，借鉴公共评议和群体

---

[24] 马克斯·霍克海默（M. Max Horkheimer, 1895—1973）：德国哲学家，法兰克福学派的创始人之一。西奥多·阿道尔诺（Theodor Adorno, 1903—1969）：德国哲学家、社会学家、音乐理论家，法兰克福学派第一代的主要代表人物，社会批判理论的理论奠基者。

意识来做出思考。

今天，我们的社会和文化呈现出信息化、商业化和全球化的特征。以感性替代理性的人类社会全新的生活模式与思考方式，打破了生产在整个社会活动中的中心地位。当复杂的消费者行为和需求远远超出经济范畴（供给能力、价格等因素），消费行为就涵盖了越来越多的社会和文化性质。即消费不只是经济行为，也是社会行为和文化行为，甚至要（跨国）跨文化的消费。消费行为的改变产生了新的消费概念，主题乐园就是一个典型例证。

总之，21世纪的文化产业表现出显著的信息化特征：无规则的内容生产，快速的信息传播，一看就信的文化，对商业和社会的全面渗透影响。随着大量的智能产品被使用，大数据、云计算和物联网等技术广泛应用，人类社会正进入一个全数字化、网络互联化和人工智能生存时代。海量、实时、互联的信息和数据将深刻影响甚至决定社会的基本构成和运转以及人类的行为和消费。这样，即使作为一种精神消费品，文化与物质消费品之间将不存在差别，因为一些需求和消费将建立在一种双向、可逆和数据化的供求逻辑中——消费即是生产，生产即是消费；消费者即是生产者，生产者即是消费者。因此，未来的文化产业同样属于技术创新驱动的商业模式创新的新商业范式。

## 供求关系的价值再造

在传统商业社会供不应求的卖方市场结构中，围绕产业链构成所建立的核心竞争力是企业参与市场竞争的关键能力。产业链是以业务衔接性或上下游买卖关系形成的纵向线性商业体系，企业核心竞争力突出，就更有能力在产业链中赢得卖方议价。在产业链中下游，品牌和渠道被看做是核心竞争力要素。当厂商品牌优势强大时，对渠道商的控制力就相对强些，例如苹果公司就是个强势的品牌商。反之，当渠道商（零售商）资源丰厚时，对厂商的控制力就突出些，例如沃尔玛依靠庞大的连锁零售网络控制供应商，保证"天天低价"。由于缺乏核心竞争力，多数身处微笑曲线谷底的厂商更多依靠市场分割和逐级代理机制建立市场营销网络。渠道层层扣点和代理商返利不仅导致出厂价和零售价之间流失了大量厂商毛利，还会因信息不对称形成在途库存导致大量现金流挤占，或因库存不足加剧了供求矛盾。

在过去二十多年，受益于全球经济一体化和技术进步，多数商品利基市场的供给能力大幅提升，消费者需求却变得复杂、多样和多变。供大于求的局面促成了买方市场形成，长期困扰商业社会发展的有效供给不足如今变成了有效需求不足——之于传统商业体系，这是全新而又重大的挑战。任何一个具有"核心竞争力"的企业，无论是原材料供应商、生产商还是渠道商、零售商，都必须快速摒弃对既往优势的路径依赖，要懂得直面消费者，重新构思如何取悦消费者，消费者需求管理由此成为一项重要的企业战略内容——谁能够清晰洞察、深刻理解甚至可以预知和适度诱导消费者行为，谁就有可能创造有效需求，赢得消费者青睐。

参照马斯洛（Harold Maslow）[25]的理论，从消费者行为角度看，消费者需求层次也是由低到高、从有形到无形、从物质享受到精神享受的逐级实现。在最低需求层，消费者关注产品和服务的基本功用，即底层利基市场。例如，智能手机有很多功能，但它的底层需求只是打电话，"打电话"是底层利基市场，支撑着手机行业。在最低消费需求层，消费者通常综合考虑了价格、习惯、便利性、及时性和客户激励等因素后做出消费决策。例如，当消费者需要购买一部特定品牌和型号的手机时，他可能选择网购，也可能选择线下实体店。如果两种渠道价格相同，消费者则可能倾向于选择获取时间短的途径。如果价格和获取时间近似，消费者可能关注客户激励（赠品、积分等），也可能是习惯行事（顺路、熟人等）。总体看，消费者在底层需求通常依据可比较因素做出个人决策。

在较高需求层，消费者不再一味关注比较因素，消费行为开始受群体因素影响较大。所谓群体因素，指公众观点或多数人的选择对个体消费者行为产生影响的条件。群体因素具有非客观性特点，这种集合了多数人的主观观点往往通过心理作用于个体消费者行为。在传统商业社会，企业运用促销、广告、品牌文化、商业价值观等因素影响消费者心理预期，促使其对某种产品或服务产生消费欲望。例如，当霍华德·舒尔茨（Howard Schultz）在1987年买下星巴克（Starbucks）时，美国人对咖啡没有特别钟爱。根据美国

---

[25] 亚伯拉罕·哈洛德·马斯洛（Abraham Harold Maslow，1908-1970）：美国著名哲学家、社会心理学家、人格理论家和比较心理学家，人本主义心理学的主要发起者和理论家，心理学第三势力的领导人。1943年，马斯洛发表《人类动机的理论》一书，提出了著名的人的需求层次理论。人的需求有一个从低到高的发展层次。低层次的需要是生理需要，向上依次是安全、爱与归属、被尊重和自我实现的需要。自我实现指创造潜能的充分发挥，追求自我实现是人的最高动机。

咖啡专卖店协会（Specialty Coffee Association）资料，20世纪90年代初美国只有大约200家咖啡厅，美国人到咖啡厅只是喝咖啡而不干别的事情。舒尔茨借鉴了意大利咖啡业经营方法，并吸纳了英国酒吧、美式快餐等消费文化，将星巴克改造为"第三空间"，而不仅仅是一家咖啡店。他解释说，"第一空间是家，第二空间是办公地点。星巴克位于这两者之间，是让大家感到放松、安全的地方，是让你有归属感的地方。"舒尔茨创建出一种前所未有的"咖啡文化"赢得了消费者青睐。现在，人们谈起星巴克往往会首先想到"星巴克文化"及其潜移默化的影响。

进入21世纪，互联网改变了传统商业社会与人们的生活方式，也深刻影响了大众思维方式。以上变化根本性冲击了传统商业社会的供求关系，彻底削弱了卖方势力。受此影响，以创造供给优势为导向的企业传统目标管理理念逐渐失效，与之相关的产业链理论与核心竞争力观念也不再深受重视，取而代之的是产业价值链与资源整合。产业价值链是一种全新的公司利润构建模式，是以多层次的消费者需求管理为出发点和立足点（图表4-1），强调打破单一产业边界或产业链束缚，以资源整合重构平台化和网络化的供给体系，达到有效需求与有效供给的市场均衡。

**图表4-1：消费者行为与需求管理分析**

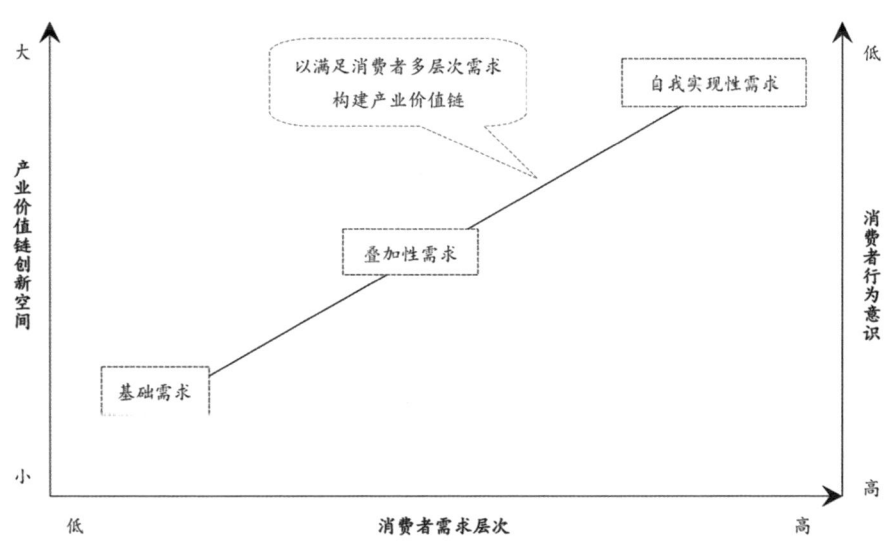

资料来源：CCRD

如图表4-2所示，产业价值链整合是以目标利基市场为依托，在整个商业范围内寻找与之能够建立起业务关联性的供给资源。以消费者需求管理驱动创新再造供给体系，使各种有价值关联性的供给资源能够整合在一个新的供给平台或资源网络中，与消费者建立起弹性供求关系。在其中，消费者可以根据自我的需求实现灵活选择能够满足自身利益的有效供给；供给方根据对消费者行为的认知提供多样化、多层次的产品和服务以管理有效需求。有效供给与有效需求的市场均衡取决于供给者的产业价值链要素管理能力，体现在如何整合资源创造有效供给以满足和创造多层次的消费者需求。产业价值链要素管理包括资产整合、行为整合与需求整合三个层次，用以创造满足消费者"从有用到愉悦"三个层次的需求。

20世纪90年代以来，信息技术、互联网应用和移动通讯等新技术的广泛应用促成了产业价值链要素管理创新，成就了苹果公司、谷歌、亚马逊等众多极富颠覆性的创新者。最初，这些企业都只提供单一业态的产品或服务，如PC、互联网搜索或在线图书销售等。在利基市场基础上，创新型企业开始在产品与产品之间、服务与服务之间、产品与服务之间寻找业务关联性和价值关系。通过软件或软性因子将其他利基市场的供给资源整合在一起后，供给叠加刺激了需求叠加，从而创造出新的需求市场和产业价值链体系。

图表4-2：产业价值链要素管理与市场均衡分析

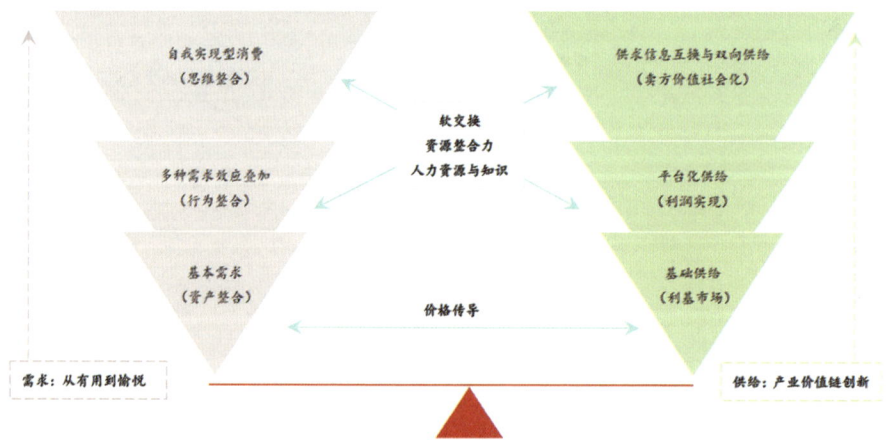

资料来源：CCRD

产品与服务的叠加形成了"软硬结合"（或称之为虚实结合）的商业模式。所谓硬，指业已存在的一个个具有庞大固定需求的利基市场，如手机、电视、服装鞋帽、汽车等众多我们耳熟能详的市场。所谓软，指在不同利基市场间建立价值关联的方法，由此可以形成一个个不同性质、功能和价值实现方式的平台。"软硬结合"的商业模式已渐入佳境，并深得消费者青睐。从企业角度看，在"硬"为主的产品利基市场植入"软"服务，可借助信息技术提升消费者需求管理水平。在"软"服务中加入"硬"产品，有助于锁定消费者群体，夯实服务体系。例如亚马逊公司整合了电子设备生产商与图书出版商，推出了Kindle阅读器加电子图书的组合型商品和服务。消费者一次性购买Kindle，可以持续不断在线消费电子图书。在这个模式中，电子阅读器和图书原本分属两个不同产业链，亚马逊通过软件技术将二者整合在一起创建了一个新的产业价值链——电子阅读，其价值体现在：亚马逊并不生产硬件，也不出版图书，但通过商业模式创新，Kindle硬件产品从电子图书的软件服务中获利，电子图书销售获取了"长尾"。

"软硬结合"的商业模式还颠覆了企业的传统利润模式和运营管理方式，由单一买卖关系转为寻求建立持续的交易机会。在许多成功案例中，硬件可能不赚钱，软件（服务）可能获利颇丰。这种情况下，企业会更加倾向于开放那些在传统意识中不可公布于众的硬件秘密，使其能够与更多或更广的利基市场相结合，然后在软的层面寻找关联性以获取利益，也为市场竞争赢得主动地位。由此，战略联盟、价值平台与资源整合等创新管理理念愈加受到重视。

# 文化产业的产业价值链要素 | 5

产业价值链要素管理能力决定了文化产业中的各类从业者（机构和个人）在市场中的价值和地位。不同机构的产业价值链要素管理模式是其整合其他供给资源、打造富有竞争力的文化产业核心体的方法和策略，也是界定不同文化产业业态模式的重要标准。

文化产业是围绕内容或创意的产生、传播、衍生经济而展开的商业和社会活动。精神层面的消费是文化产业之基础和根本，内容或创意满足了人们精神层面的需求。经过媒介传播，内容或创意被大众关注或消费，传播效率影响或决定了其虚拟价值。文化衍生经济指将内容或创意商品化和产业化的过程，影视、动漫、广告、主题乐园、IP衍生商品等等各种文化业态或细分市场，都归属文化衍生经济范畴。衍生经济是文化产业价值的主要来源。

图表5-1：文化产业的产业价值链及类型分析

|  | 原创内容 | 文化商品生产 | 传播 | 衍生经济 |
| --- | --- | --- | --- | --- |
| 利基市场 | 知识经济 | 文化消费品 | 媒体渠道和终端 | 文化衍生品 |
| 核心要素 | 知识创新力 | 技术创新 | 规模、影响力、商业模式创新 | IP价值管理体系 |
| 典型代表 | J·K·罗琳[28] | 特效、CG、VR | YouTube、BBC | 迪士尼 |

资料来源：CCRD

以产业价值链及要素管理理论分析，文化产业的关键价值节点是（原创）内容、文化商品生产（内容转化为各种文化形态）、传播和衍生经济，相对应的利基市场分别是文化及知识经济、文化消费品、渠道与终端、用户经济（以

[26] J·K·罗琳（J. K. Rowling）：英国作家，全球知名科幻小说《哈利·波特》（Harry Potter）作者。该小说共7部，被翻译成73种语言，所有版本的总销售量超过4.5亿本（截至2015年），成为世界上最畅销小说系列。美国华纳兄弟电影公司将小说改拍成8部电影，总票房收入达78亿美元，是全球史上最卖座的电影系列。2001年3月，罗琳化名为纽特·斯卡曼（Newt Scamander）和肯尼沃斯·惠斯普（Kennilworthy Whisp）创作了两本与《哈利·波特》故事相关的小册子《神奇动物在哪里》（Fantastic Beasts & Where to Find Them）和《神奇的魁地奇》（(Quidditch Through the Ages）。两本小说同样取得巨大影响力，其中《神奇动物在哪里》由美国华纳兄弟影片公司和英国盛日影业公司联合拍摄成电影，于2016年11月起在全球上映。

IP管理为核心衍生市场变现能力)。身处不同利基市场的企业，企业以各自资源禀赋优势去整合其他供给服务资源，进而打造出模式各异的在线交易平台，形成了各种文化产业的业态模式。

产业价值链要素管理能力决定了文化产业中的各类从业者(机构和个人)在市场中的价值和地位。进一步讲，不同机构的产业价值链要素管理模式是其整合其他供给资源、打造富有竞争力的文化产业核心体的方法和策略，也是界定不同文化产业业态模式的重要标准。

例如，美国迪士尼公司通常被认为是一家全球领先的动画片制作公司，出品一流动画电影的能力被误认为是迪士尼的产业核心价值。从2016年财报看，迪士尼公司拥有四大业务板块：媒体网络(Media Networks)、乐园及度假村(Parks &Resorts)、影视娱乐(Studio Entertainment)、消费产品(Consumer Products)及互动娱乐(Interactive)。其中，媒体网络主要业务为有线电视网业务和广播电视业务，拥有ESPN、Disney Channels、Freeform等有线电视频道和ABC电视网络。媒体网络部门在迪士尼公司的收入和利润占比分别为43%和49%；相比之下，我们所熟知的影视娱乐业务的两项占比均为17%。从产业价值链管理角度看，迪士尼是一家依托强大的媒体(渠道和终端)控制驱动产业上游的内容和下游的衍生品业务发展的媒体集团。对于上下游的资源、供应商、合作伙伴及投资者等，迪士尼公司的媒体控制力、内容送达能力及用户影响力具有着显著的竞争力，依托媒体价值迪士尼实现了全产业价值链的整合。

前文分析指出，互联网应用和技术创新正加速重构当今商业社会，同时也深刻影响到文化产业价值链的构成及要素管理模式。深刻洞察社会变革，持续创新与强化资源整合，这些方面是文化类机构(个人)推动文化产业发展、参与市场竞争、提升价值链管理水平的核心能力。基于不同利基市场的核心管理任务和各自资源整合优势，我们将在文化产业的产业价值链要素划分为三种类型：基础性要素(内容和产品)、价值性要素(知识和技术创新力)和竞争性要素(传媒与资本)。

## 基础性要素：内容和产品

基础性要素定义了一个产业的属性，是产业内部的核心利基市场。文化产业的基本属性是满足人们精神层面消费，内容（文学、语言、照片、书画等等）和创意（设计、广告等）是打开人们精神世界的原点，是文化产业最和谐的基础性要素。换句话说，没有最初和最原创的内容和创意，文化产业是无本之源的空想经济。文化产品特指根据原创内容和创意所生产出的属于精神层面消费和值得交易的商品，如影视、动画片、舞台剧等，通常这些文化产品源自于故事、小说、漫画等原创内容。

文化产业的基础性要素创造体现了社会的知识创新能力、洞察力、想象力、文字表达能力、创想力等，都与知识经济生产水平和创新力有关，而这又与社会文化的历史、根基、开放性和包容性等等相关。从中国的四大名著到 J·K·罗琳的《哈利·波特》系列，任何原创文化内容或产品，都是一个时期一个社会的发展现状与社会文化的写实。

在通常情况下，存在两个供给市场满足人们的精神消费：其一，文化产业；其二，教育。作为一种有规则、有体系、有目标的精神消费品，教育是对未来社会现实的构建。因此，原创内容之于社会现实的映射往往折射了昨天和今天的社会教育状态。一个现实的社会，如果文化消费低俗乏味，其根源或可以追溯到教育的影响。

## 价值性要素：知识和技术创新力

价值性要素是市场和用户价值变现的决定因素，也是不同文化商品价值差异化之根本。比如，在十多年前传统报纸仍是人们获取信息的主要方式，但今天越来越多的拥有百年历史的报纸停刊，互联网成为人们获取信息的主要方式。互联网取代报纸，关键是技术创新及消费者行为的改变。再如，约翰·拉塞特（John A. Lasseter）是美国皮克斯动画工作室（Pixar）和华特·迪斯尼动画工作室的首席创意官以及华特·迪士尼幻想工程的首席创意顾问。作为一位数次获得奥斯卡奖的动画导演和动画师，拉塞特领导创作了无数令人耳熟能详的动画电影——玩具总动员（Toy Story）、赛车总动员（Cars）等。1986 年，拉塞特导演了皮克斯动画工作室成立后的第一部动画短片《小台灯》（Luxo Jr.），片中跳动的小台灯成为皮克斯公司的标志（图表 5-2）。拉塞特被很多人看做是"当代的华特·迪士尼"，堪称皮克斯和迪士尼的关键性人物。拉塞特的价值深刻体现在其知识创新力层面。

好莱坞的电影制作模式是知识和技术创新力的充分展现。无论是大导演和明星演员的经验和演技，还是世界顶尖的特效、CG、美工等制作水平，其背后都是好莱坞在知识创新力、影视技术应用、商业运作管理经验等方面的展现。某种意义上讲，好莱坞电影市场平均收益高，不仅仅是原创剧本影响力大，而是其综合知识创新和技术创新能力的有效结合和高效率的运营管理水平。

图表 5-2：动画短片《小台灯》海报（左图）和皮克斯动画工作室 logo

图表 5-3：2016 年全球电影票房排行

| 排名 | 影片名称 | 全球票房（亿美元） | 出品方 | 国家和地区 |
| --- | --- | --- | --- | --- |
| 1 | 星球大战：原力觉醒 | 20.68 | 迪士尼 | 美国 |
| 2 | 美国队长 3 | 11.32 | 迪士尼 | 美国 |
| 3 | 海底总动员 | 10.01 | 迪士尼 | 美国 |
| 4 | 疯狂动物城 | 9.82 | 迪士尼 | 美国 |
| 5 | 奇幻森林 | 9.1 | 迪士尼 | 美国 |
| 6 | 蝙蝠侠大战超人 | 8.63 | 华纳兄弟 | 美国 |
| 7 | 爱宠大机密 | 8.48 | 环球 | 美国 |
| 8 | 死侍 | 7.6 | 迪士尼 | 美国 |
| 9 | X 特遣队 | 7.32 | 华纳兄弟 | 美国 |
| 10 | 奇异博士 | 6.35 | 迪士尼 | 美国 |

资料来源：box Office Mojo，数据截至 2016 年 12 月 6 日

图表 5-4：全球电影历史票房排行

| 排名 | 影片名称 | 全球票房（亿美元） | 出品方 | 国家和地区 |
| --- | --- | --- | --- | --- |
| 1 | 阿凡达 | 27.88 | 福克斯 | 美国 |
| 2 | 泰坦尼克 | 21.86 | 派拉蒙 | 美国 |

(续表)

| 排名 | 影片名称 | 全球票房（亿美元） | 出品方 | 国家和地区 |
| --- | --- | --- | --- | --- |
| 3 | 星球大战：原力觉醒 | 20.68 | 迪士尼 | 美国 |
| 4 | 侏罗纪世界 | 16.70 | 环球 | 美国 |
| 5 | 复仇者联盟 | 15.18 | 迪士尼 | 美国 |
| 6 | 速度与激情7 | 15.16 | 环球 | 美国 |
| 7 | 复仇者联盟2 | 14.05 | 迪士尼 | 美国 |
| 8 | 哈利·波特和死亡圣器2 | 13.41 | 华纳兄弟 | 美国 |
| 9 | 冰雪奇缘 | 12.76 | 迪士尼 | 美国 |
| 10 | 钢铁侠3 | 12.14 | 迪士尼 | 美国 |

资料来源：Box Office Mojo，数据截至2016年12月6日

知识和技术创新力既是一个国家和地区文化产业竞争力的体现，也是其文化经济创造力和市场盈利水平之关键；而这又是一个国家和地区的教育、科技、文化基础、创新力等多方面发展水平和社会成熟度的反映。

## 竞争性要素：传媒与资本

竞争性要素是产业价值链关系构成的关键转换环节，虽然在通常情况下不会影响产业链内部的组织关系，但对于产业价值链的利基市场构造及价值延展而言，竞争性要素居于核心角色。比如，从原创内容拍摄成电视剧再到电视播出，这个产业链内部结构未曾变过。虽然电视及其他传媒网络的发达，人们获取和消费原创内容的方式愈加多样化，不再只依赖于电视剧。网络小说、（电子）图书、漫画、电影、游戏等等形态，都在不同程度和不同角度，影响着文化消费者。网络游戏改编为电影的案例说明，作为电影消费市场的产业价值链构成是多元化的，并非严格遵循内容、影视作品、播放渠道的传统产业链结构。

产业价值链是一个网络化的产业组织关系，它不遵循传统上、中、下游的产业链组织关系，一切以市场和用户价值为出发点，依托产业内利基市场，通过各种软、硬要素链接产业内部和外部资源，形成一个全新的、有别于传统的无规则产业价值链组织和商业模式。在这种重视跨边界资源整合的商业模式中，充当市场和产业边界的连通器的要素往往对于产业价值链关系构造和价值关系，拥有很强的决定权力。

文化产业价值链中具有连通器属性的竞争性要素是传媒和资本。传媒包括传播与媒介。传播是形式，媒介是终端。在传媒业高度发达的今天，传媒作为文化产业价值链的关键竞争性要素的作用就更加突出。

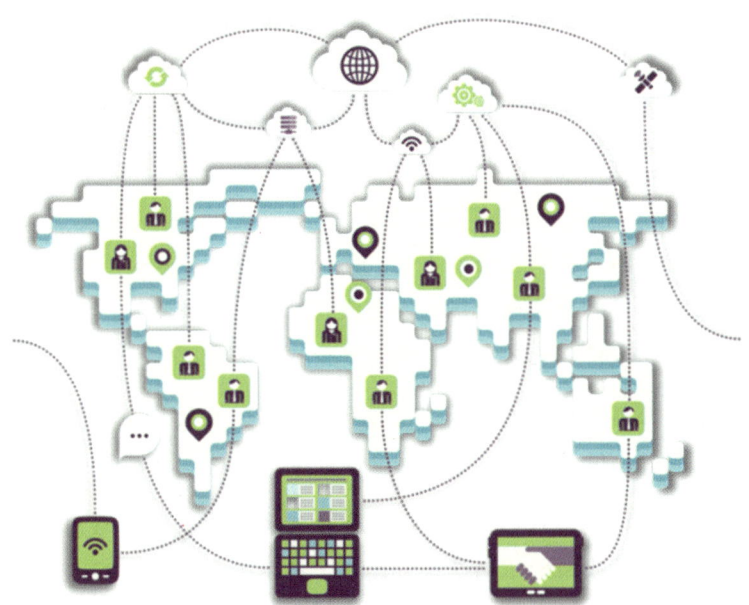

　　首先，传播的核心作用就是放大精神消费的价值，传播的广度和深度决定了文化影响力。互联网丰满了传播的内涵和外延，无处不在（无缝覆盖的网络）、无所不联（各种设备，人人和物物相连）、交叉可逆（不规则传播路径）、动静相加（影像、文字、图片等）的特点，使互联网迅速取代传统信息和文化传播介质。更为重要的是，与传统传播介质相比，互联网传播具有巨大的技术和应用创新空间，从视频网站到直播，创新所不断改善的用户体验成为互联网加速替代传统传播介质的核心因素——这也是从客户思维到用户思维转变的结果。长期看，基于互联网络（互联网、移动互联网、物联网）的技术和应用创新能力将是传媒业及文化产业竞争与合作关系的核心竞争力。

　　其次，互联网络的介质效应最终透过各种终端显现，终端媒介的形态及其创新力同样重要。智能手机、智能电视、VR、全息影像、可穿戴设备、人工智能……，技术创新和产品互联所形成的终端媒介创新应用空间，已可以让人们对未来充满想象。未来虽未到来，但未来早已可预见。由于终端媒介正处于一个高速创新变革的通道，没有人能够依据现有的物质形态决判商业现实。所以，透过现象看本质，从产品和互联网络的本质角度看，物联网和大数据将是传媒及文化产业发展的必然趋势。

其一，未来是大数据和云计算的时代，媒介终端除了继续承载传播送达的作用，更重要的是获取用户行为信息和数据——消费入口的价值远远高于产品出口。这个趋势也预示着，未来的媒介或文化产业，与其他产业的融合度和相互依赖程度将更深刻。物物所连在云端，旨在为深刻的用户价值挖掘。

其二，媒介的价值将深刻体现在用户送达效率。类似于传统电视"你播放，我不看"和传统广告模式"与我有什么关系"的状况，都将渐渐失去媒介价值，其根本在于无法创造用户价值。未来，媒介的送达效率会主要依托于技术创新和媒介互联，同时依托于云服务和大数据分析。"端为己用，端为己想，端为己乐"的理念将广泛应用于各种生活和消费场景。

资本对于任何产业而言都是连通器和加速器，文化产业自然不例外。资本之于文化产业价值链要素管理的竞争性价值体现在三个层面：

第一，基于技术创新和商业世界的融合发展，资本一方面会推动技术创新发展，使文化产业的价值创造过程受益于技术创新。另一方面，资本会推动跨界的资源整合和服务融合，使技术创新能够更加高效的应用于文化产业发展的实际需求，比如云服务和大数据分析应用于用户行为分析。

图表5-5：物联网与大数据的全新技术基础设施和应用架构

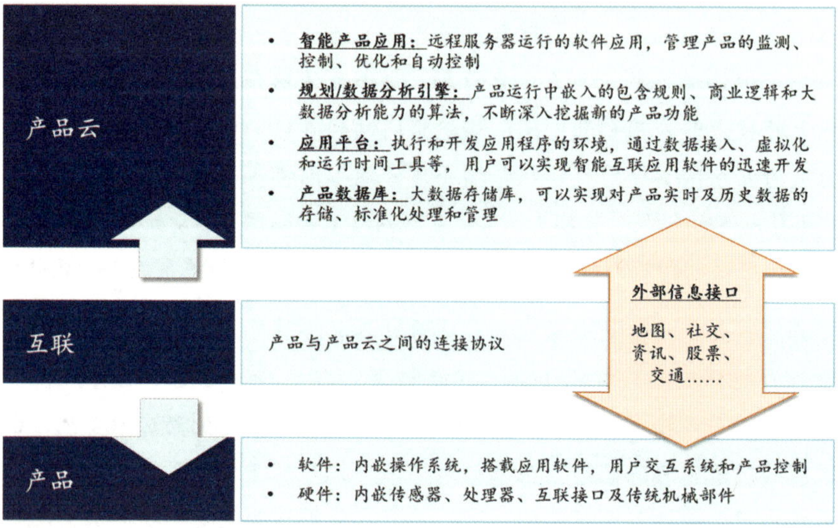

**产品云**
- **智能产品应用**：远程服务器运行的软件应用，管理产品的监测、控制、优化和自动控制
- **规划/数据分析引擎**：产品运行中嵌入的包含规则、商业逻辑和大数据分析能力的算法，不断深入挖掘新的产品功能
- **应用平台**：执行和开发应用程序的环境，通过数据接入、虚拟化和运行时间工具等，用户可以实现智能互联应用软件的迅速开发
- **产品数据库**：大数据存储库，可以实现对产品实时及历史数据的存储、标准化处理和管理

**外部信息接口**：地图、社交、资讯、股票、交通……

**互联**：产品与产品云之间的连接协议

**产品**
- 软件：内嵌操作系统，搭载应用软件，用户交互系统和产品控制
- 硬件：内嵌传感器、处理器、互联接口及传统机械部件

资料来源：CCRD

第二，资本推动企业集团的大型化和多元化，在用户价值至上理念下，一些原本非文化类企业也逐步转向文化服务领域，例如国内的"BAT"三巨头都已在文化产业有着较深的投资布局。万达集团通过发展商业地产进入院线，现在已成为国内较具市场影响力的文化企业。而万达院线在影视产业链中的价值体现和竞争力，恰恰是媒介（电影院）的竞争性要素价值的体现。国内最大的网络社交服务商腾讯集团携近10亿高粘性用户进入文化产业，积极布局网络原创小说、网剧等领域，对文化产业上游内容市场的投资、定价、衍生经济的商品转化等方面拥有了较大控制力。再如，全球最大的视频服务机构YouTube隶属于Google，借助Google的搜索技术创新和云服务等，YouTube在视频服务领域的核心竞争力已体现在"按需分配"和智能互联服务方面。可以说，在资本的推动下，未来的文化产业竞争格局不再是文化企业一方主导的格局。各方参与，你方唱罢我方登场，相互竞争又相互依存，将成为文化产业的主要发展格局。在这种情况下，资本作为商品经济的润滑剂，将会起到更加主动的市场地位。

第三，基于技术创新力和用户价值的变现能力的掌控，大型企业集团和大资本机构正逐渐将文化产业的竞争门槛抬高。虽然类似于直播和网红让文化产业的市场准入看似更容易，但事实上这些C2C的模式都是基于特有的商业平台。未来，在物联网、云服务、大数据等技术创新基础设施愈加完善的背景下，包括文化产业在内的各行各业的发展格局将会更加趋同，由此也会推动底层商业变现生态更加去中心化和多样化。最终会呈现出的商业格局是：要么搭建平台和生态赚钱，要么透过平台和生态赚钱。

# 下篇　上尽层楼更上楼

## 循序渐进，翩翩起舞 | 6

> 实现创新驱动是一个系统性的变革，要按照"坚持双轮驱动、构建一个体系、推动六大转变"进行布局，构建新的发展动力系统。
>
> ——《国家创新驱动发展战略纲要》

本报告前两部分的论述可以小结为：

第一部分：从改革的历程和逻辑角度看，推动供给侧结构性改革必须注重转轨经济特点和中国国情，在稳中求进的基础之上重点推进知识经济和创新经济发展，以供给端创新和供求关系出清实现全社会劳动生产率的提升，进而实现劳动回报率的提升。在经济和社会转型的过程中努力，实现共同富裕的社会总体发展目标。基于自身特点，文化产业可以成为供给侧结构性改革的排头兵。特别是在创造增量、优化存量等方面，在文化产业繁荣大发展的基础之上拉动各行各业并行发展，将文化产业的"精神食粮"融入到各行业中，从而实现经济发展与社会发展、物质文明与精神文明齐头并进的发展态势。

第二部分：从商业发展趋势展望的角度，对文化产业创新变革的方向和商业模式进行了探讨，提出了产业价值链概念和要素管理模型，并对文化产业价值链要素管理的结构进行了分解。技术创新、融合发展、用户价值管理是文化产业发展和竞合关系构建的重要方面。

明确了文化产业发展之"道"和商业发展大"势"之后，第三部分重点探讨文化产业创新发展之"术"。即，文化产业如何助力供给侧结构性改革。

## 构建文化产业的云、端、路、网

从技术创新、融合发展和产业价值链要素管理的角度分析，CCRD 提出中国文化产业发展的"云端路网战略"。对于不同发展阶段、不同规模、不同产业地位、不同战略野心甚至不同行业的企业而言，"云端路网战略"是一个宏观图谱，也是一个文化产业价值链要素建设与管理的体系。

- 云是未来商业之根本基础，是商业和社会无边界融合的"中央处理器"

在云的构造过程中，文化类企业会居于怎样的地位？事实上，这个问题不需要被过度担忧。"云"的存在价值是共享与融合，"云"与"云"相连是无边界的天空。如今，中国政府积极推动国家级大数据中心建设，BAT 三巨头也在积极引领中国的云服务发展。相比于科技型或互联网企业，多数国内的文化类企业应积极了解"云"、拥抱"云"，思考如何围绕云服务和大数据构建创新的商业模式。另一方面，基于技术融合和用户管理的需要，解决"云"端用户的精神消费需求将是发展大数据应用和 C2B 经济的必然趋势。所以，从构建文化产业利基市场的角度看，"云"在某种程度上起到了市场格局引导者的作用——无论是否具备驾驭"云"的能力，但终究会被"云"化。

文化产业的"云战略"规划包括两层含义：其一，从产业价值链的价值性要素管理角度看，构建或融入"云服务"体系，使服务和用户管理都能在"云"端实现。其二，"云"端汇集了各方面的用户行为和需求分析，经过大数据分析可以形成大量的有助于文化产业内容生产、传播与衍生经济开发的决策支撑。

- 端是用户管理的界面，从用户的角度创造供给和满足需求

端由两大部分构成：第一，产业价值链基础性要素建设，即内容和产品的生产，这是文化产业发展之根本。应注重从用户需求的角度推动基础性要素建设。一方面，全民娱乐的前提是全民素质的提升，要重视基础教育和文化创意的素质培养和能力培养，构建长期坚实的文化基础和氛围。另一方面，重视技术创新和应用，从用户行为分析中挖掘需求，用积极向上的内容和产品引导需求，构建 IP 引导的文化循环经济发展体系。

第二，构建以送达效率和双向互动为目标的传媒体系，这主要依托于技术创新和媒介互联，同时依托于云服务和大数据分析。各方应重视推动产业融合的交流合作，在终端产品的技术创新、产品创新和服务创新方面，共谋发展之道。

● 路是供求关系的转换通道

将创意和原创内容转化为各种形态的文化消费品，是透过图书、影视剧、动画片、广告等各种文化消费品的生产和传播来实现的，其生产过程产生了文化产业价值链要素管理的必要性。多修路，修好路，通路建设应重视两大方面发展。

第一，提升中国文化产业的价值性要素构建能力。目前，国内文化产品生产过程的技术水平进步很快，但与美国等发达国家相比，创新能力和产品品质仍有很大差距。应着眼技术创新加大人才培养，增进全球交流合作，加快提升特效、CG、动画、出版等各方面生产技术，以确保好的创意、好的文学作品能够以高水准、多样性的文化产品形态呈献给市场。

第二，加大资本投入，推动文化生产技术的产业升级和创新，加快完善通路建设。一方面加大基础性要素和价值性要素建设，通过投资、并购、重组等手段优化内容和技术等要素配置和资源整合。另一方面，借助资本手段推动企业跨界合作，在技术创新、产品研发等方面全面推动创新。

● 网是对市场和用户价值的全面捕获

从美国市场的经验看，文化产业约70%的收益来自于衍生经济，包括IP授权、衍生品销售、主题乐园等。而在国内，文化产业主要依靠一次销售获利，以IP价值管理为核心的衍生经济市场收益占比非常低。近几年，受益于国家加强知识产权保护和文化产业发展，IP概念愈加火热。

IP即Intellectual Property，意为知识产权。IP的根本价值在于持续的知识创新力和知识经济转化能力，而不在于法律保护的产权外衣。IP是文化产业衍生经济的载体，IP模式和粉丝经济从本质上来说是一回事，吸引愿意付费的粉丝是IP模式下的关键因素。基于IP的全产业链开发，简言之就是从版权交易到影视内容的制作发行，再到游戏、电商、实景娱乐、玩具等实体物品销售、艺人经纪、粉丝经济等一系列衍生产品的开发。

围绕 IP 推动文化衍生经济发展，需要一个系统化、专业化的建设和管理体系。首先，要重视文化产业基础性要素建设，借助优质内容和优秀产品打造 IP，构建粉丝效应基础。其次，在价值性要素管理方面，要高度重视综合知识创新和技术创新能力的有效结合和高效率的运营管理水平。这方面能力的短缺，是国内 IP 开发和管理较薄弱的能力。第三，竞争性要素的作用点是捕获粉丝、管理粉丝，是建立 IP 规模经济效应和粉丝孵化的过程。相反在国内，过度的媒体炒作、盲目的资本投入的根本目的都在于追求收视率而非积累粉丝和输出 IP 影响力，唯"票房论"变成炒作 IP 噱头。这种伪 IP 具有高收视、高收益等特点，但市场关注时长短暂，并不具备稳定的粉丝基础等。

未来，从文化产业价值链要素管理角度，结合企业自身特点夯实自身的要素利基市场；通过资源整合和技术创新构建 IP 管理体系。从 IP 打造、产品、用户行为分析、用户价值管理、技术创新和（云）服务等多重层面，挖掘粉丝价值，完善粉丝管理体系，全面构建 IP 变现能力。本质而言，通过 IP 建立文化产业的衍生经济效应的网络，一方面要高度重视内容开放，重视知识经济创新。另一方面，摒弃一时火热的短期行为，要通过技术创新、用户行为分析、传媒等手段，系统化构建粉丝效应生态。

**高收视率、高票房不等于高价值 IP**

首先，高收视、高票房并不意味着高粉丝量。电视剧方面来看，过去电视剧基本都以追求高收视率为最终目的，在项目环节中重发行、轻制作，不但剧情雷，营销上往往爱走恶俗炒作路线，在这种市场环境下生产出来的作品不具备影响力，更谈不上吸引粉丝关注。在电影方面，也开始呈现出唯"票房论"的态势，兼具影响力和票房的电影越来越少，另外国内不少电影借用 IP 噱头自我包装，单凭一个热门词语并不能称得上是 IP，只能说是伪 IP。

其次，电视剧、电影、游戏之间需要"破壁"。并不是每一本高人气网文、游戏都适合改编成影视作品，改编作品拍的好，会吸引不少粉丝，改编作品拍的不好，不但没有吸引到新粉丝，过去积累的老粉丝反而会流失。同样的，不是每一部好的小说或者影视作品，都可以成功改编成为热门游戏。电视剧、电影、游戏之间打破壁垒，是一个非常大的挑战。

最后，一个好的 IP 是一个新世界，但国内做到这一点很难。在 IP 模式中，一次性讲好一个故事还不够，需要拉长这个故事周期，甚至为其构建一个新世界。而国内好的系列影视作品本来就少，在明星演员成本高企的市场环境下，要想长期维护一个好的系列作品难上加难。

## 【案例】Baymax：从怪兽到萌宠

《超能陆战队》（Big Hero 6）是迪士尼与漫威联合出品的第一部动画电影，主要讲述充气机器人大白与天才少年小宏联手菜鸟小伙伴组建超能陆战队，共同打击犯罪阴谋的故事。影片自 2014 年 10 月在全球上映，累计票房收入约 6.6 亿美元。2015 年，《超能陆战队》获得第 87 届奥斯卡最佳动画长片金像奖。

漫画《超能陆战队》出版于 1998 年，由史蒂文·西格尔和邓肯·儒勒在闲暇时创作，总共只有 10 期，在漫画界默默无闻。严格讲，《超能陆战队》并不是改编自漫画（adapted from comic），而是由漫画启发（inspired by comic）。原著中的大白全名"怪兽大白"（Monster Baymax），由小宏发明出来作为保镖，替代去世的父亲。怪兽大白平时是人类形态，体格壮硕，战斗时可以变身为龙和机器人，彪炳霸气，摧枯拉朽，跟呆萌、柔软这些词毫不沾边。

电影《超能陆战队》从筹备开始就围绕大白（动画 IP）进行，包括剧情设计、形象设计等。Baymax 的 IP 改造目的是将其打造成全球女性最爱的萌宠。迪士尼认为，凶狠的怪兽不可能激发观众，特别是引起女性观众的喜爱（图表 6-1）。迪士尼让大白在外观和行为特性上与那些"巨大的机器"截然不同。剧组花了超过三年时间，把原著中有些吓人的大怪兽改成一个无比可爱的白胖子，他是大肚子小短腿的医疗护理专家，装载有超过 10000 个医疗程序，满怀关切，只要你表现出任何不适，就能得到周致的诊断和护理；它将你拥入鼓鼓囊囊的肚子里，用温暖舒适来安慰和治愈你；他自带萌点，一举一动都辐射着萌能量，那没有表情的面孔上，永远画满了天真懵懂；大白并不是一个八面玲珑的英雄，反应迟钝，行动缓慢，穿不过狭窄的过道，漏气以后还会发出尴尬的噪音，但在你遇到危险时，他会不惜一切用身体来保护你。《超能陆战队》的导演唐·霍尔（Don Hall）说，"他完全就是超级英雄的相反面。"大白的形象在试映时就获得了观众的一致好评。影片在各国上映时，"拥抱大白"成为影院里的热门活动。

图表 6-1：原创漫画中的大白原型（左、中）和电影中的大白（右）

充满萌态和喜感的黄金配角一直是迪士尼动画片的秘密武器。例如，1992 年上映的《阿拉丁》（Aladdin）的精灵，罗宾·威廉姆斯（Robin Williams）[27] 的配音更成为影片的卖点。再如 2013 年上映的《冰雪奇缘》（Frozen）的雪宝，2016 年上映的《疯狂动物城》（Zootopia）的树懒。这些动画形象展现的萌态形象和音调，插科打诨，活跃气氛，既可以为电影增加笑料，也能够增强观众认知和喜爱，在衍生品市场提供更多周边玩具。同时，英雄主角与搭档有较大的性格反差，也有助于编织戏剧冲突，增强故事的趣味和张力——主角总是坚毅顽强，搭档则温和无害。

图表 6-2：《阿拉丁》的精灵（左），《冰雪奇缘》的雪宝（中），《疯狂动物城》的树懒（右）

在大白的外形打造过程中，导演霍尔拜访日本的寺庙时看到一种风铃，一条线串联起两个点，给人和平愉悦的意象，他意识到自己找到了大白的脸。以日本铃铛为原型，为大白设计了没有嘴巴、只有一对圆溜溜眼睛的样子。姿态方面，要让大白不惜一切手段卖萌，锁定女性观众，迪士尼的画师从婴儿走路、穿尿布的婴儿走路、企鹅宝宝走路（最萌的三种走路姿态）中最终确定以企鹅宝宝为灵感，设计出的大白步距很短。由于动作幅度有限，大白只需用细微的动作表达丰富的内心活动，比如微微一侧头，就能让人感受它强烈的好奇。笨拙迟钝的移动方式和颠颠颠的卖萌必杀技，激发女性观众的"母性"和"圣母心"。

《超能陆战队》的主创时刻秉持着高度简化的理念，摒弃了迪士尼打造虚拟人物的传统——高质量的细腻动画、逼真的面部表情，将关于大白的一

---

27 罗宾·麦罗林·威廉姆斯（Robin McLaurim Williams，1951–2014），美国喜剧电影导演、演员。1980 年，威廉姆斯涉足电影圈，在处女作《波皮》（又译《大力水手》）中，他演绎卡通人物波皮。1982 年《加普的世界观》奠定银幕地位。1987 年拍摄巴里·莱文森执导的《早安，越南！》，获得"金球奖"的"最佳男主角"奖座，并首次获"奥斯卡奖"提名。1998 年，罗宾·威廉姆斯出演电影《美梦成真》，获 1999 年奥斯卡最佳视觉奖。2005 年获得美国金球奖塞西尔.B.戴米尔奖。2014 年 12 月 19 日罗宾·威廉姆斯的最后一部电影《博物馆奇妙夜 3》上映。在迪士尼电影《阿拉丁》中，罗宾·威廉姆斯为精灵配音，片中展现出数十种口技音调。同时，他献唱电影插曲《Friend Like Me》，这首作品原先定位在年轻人为主要受众，结果赢得了美国主流歌迷的注意。

切简化到本质。在长达数月的头脑风暴中,最常听到的是:"把这个拿掉"、"那个也不要"、"只剩眨眼就够了"……起初大白还有一张嘴,迪士尼掌门人约翰·拉赛特亲自拍板把它去掉,最初为大白定做的五种表情也被统统砍除。

在不断的测试环节中,主创发现一个奇怪的现象:大白做的越少,观众就越喜欢他。这暗合了电影艺术的心理学原理:由于大白的情绪机制极其有限,一个简单的眨眼,可以蕴含无数种意思,每个观众可以做出不同的理解,感觉自己和大白心意相通。动作越简单,观众就越投入,他们被邀请将感情投射到大白身上,而不是被动接受视觉暗示,他们被给予一个机会,在那一刹那成为了大白。而其他表情丰富的角色,由于被主观定义了太多,无法唤起同样的体验。

## 重点布局,未雨绸缪

在供给侧结构性改革、社会转型、商业创新、时代变革、全球竞合等一系列纷繁复杂的机遇和挑战背景下,中国文化产业的发展蓝图不能再是一部好小说、一部好电影、一个好演员和一个好剧场的范畴了。浮夸的氛围,短视的格局,以偏概全的视野,一些反应在当代中国社会的普遍问题在文化产业内部甚至更严重。这样下去,何以感召未来?

文化产业价值链的基础性要素构建是个长期、系统、严肃的工程,涉及文化、教育、创新和创意、价值观、世界观等方方面面。一个良性的基础性要素发展体系,是一个国家和社会文明进步、社会和谐的标志。

价值性要素构建折射出社会整体的创新意识和能力,包括知识创新、技术创新、商业模式创新及社会管理创新。一些方面,如技术、应用和产品等可以在短期内取得成效。但另一方面,对价值性要素商业和社会价值的认同和重视,为此在基础科学和知识普及等方面的长期累积,以及商业运转所需的软性管理技能和流程,这些方面都需要务实、系统、长期的投资和投入。

竞争性要素构建指的不是鼓动企业过度竞争,对市场利益和用户价值的拆解和破坏——价格战和过度竞争是当前中国商业社会对"竞争"的曲解。竞争的本质,是运用市场竞争的手段激励企业创新,使优秀企业和好的产品脱颖而出,为市场和用户创造更高的价值。在文化产业,传媒和资本承载了精神需求和价值观的放大器和连通器,资本逐利和媒体炒作都不应偏离这个基本的航线。作为文化产业的竞争性要素，传媒和资本应在服务大众需求、促进社会进步、增强商业和社会的融合发展等方面，起到积极的作用。

基于对本报告前文内容的思考和总结，CCRD 从产业价值链要素管理的短、中、长期建设的角度，结合技术创新、服务社会和国家软实力提升的战略规划，建设性提出中国文化产业发展的重点发展布局。

● 深化改革，释放市场红利

通过深化政治和经济体制的改革释放市场红利，在市场经济条件下以市场的牵引为主，以政府调控为辅，充分发挥企业在产业发展中的主体地位和能动性。促进文化产业的内容、产品和服务向各行业、各领域的渗透、扩散，利用混合所有制等形式加强业内新模式、新业态的培育和发展，为文化产业引领经济和社会转型创造良好产业发展环境。有序开放传统政府主导的行业管理和发展模式，战略性培育壮大文化产业价值链的基础性要素和价值性要素，充分借助信息技术、互联网、云服务等手段，将政策引导、过程管控和社会评价有机结合，促进竞争性要素的广泛发展。

● 大力扶持信息技术和网络应用在文化产业创新服务体系中的应用

互联网技术、大数据和云计算构成了现代互联网经济的三大核心技术，而三者效能的发挥都需要大量基础技术和应用软件研发的支持。在产业发展初期，高昂的基础技术研发投入并不是单个或几个企业能够独立完成的，需要大量国家的研发资金支持。以美国信息产业为例，在个人 PC 研发和普及期间科研部门研究经费中超过 50% 是由联邦政府提供。我国整体正处于技术创新投入期的酝酿阶段，更需要国家持续增加信息技术基础研究投入，加强信息技术基础设施建设和明确的互联网技术及服务发展促进战略。

在国家层面大力推进互联网的普及和应用，加快网络基础设施建设，扩大农村宽带覆盖，推进三网融合和通信基础设置的共享是互联网快速高效发展的基础保障。需要发挥国家在科技重大专项的引导作用，加快国家级大数据中心和云存储中心建设，以集中式的国家战略投资替代各个企业划地自治的分散式基础设施建设，促进互联网行业跨越式发展，加快具有自主知识产权的互联网技术的产业化和推广应用。通过建设互联网基础设施平台，大力推行产业标准化战略，以中国互联网市场为基础强化我国在信息技术领域的国际主导权，推动中国标准的国际化。

国家和优秀企业应积极推动文化产业的技术创新，延伸产业价值链，透过发展文化衍生经济释放传统行业的经济活力，自下而上的发挥改革的动力和服务体系创新能力，并使得改革的红利能够普惠大众。

● 回归文化本质，构建知识创新体系，奠定"内容为王"的根基

很长一段时期内，中国文化产业走在市场利益导向和"渠道为王"的发展轨道上。在野蛮成长过后，文化产业愈加显现出发展疲态。从产业价值链基础性要素体系构建的角度审视，回归文化本质，强化根基构建；激励知识创新，重视"内容为王"。结合国情，政府应推动完善文化产业知识体系建设，企业（包括国有和非国有，文化和非文化）应积极参与到文化创意领域的知识创新体系建设中。政企联动，制订文化创意教育发展规划、人才培养计划和优秀原创内容激励计划。

● 创新金融手段，推动文化产业跨越式发展

要实现文化产业的超常规、跨越式发展，金融支持是不可或缺的因素。对于金融行业而言，当前中国经济增速下行，传统行业发展受限，迫切需要找到新的增长点。文化产业近年来发展迅速，在国民经济中的份额稳步提高，投资回报率也大幅提升，为金融业的发展提供了新的空间，成为未来金融业务开拓转型的重要方向。金融机构加大对文化产业的支持力度，可以有效减少金融机构对传统行业的依赖，不断拓宽新的业务空间。

长期以来，我国的金融体制以间接融资为主导，而文化企业相对其他企业而言在间接融资方面具有天然的弱势。首先，我国的文化产业集中度较低，文化企业规模小、收入波动大，且以无形资产为主，价值难以确定、缺少合格抵押品；其次，我国服务于文化产业的融资担保、资产评估、产权界定、登记备案等中介体系发展落后，使得知识产权、版权等无形资产难以评估，增加了金融机构面临的信贷风险；第三，我国文化产业的现代企业制度建设依然滞后，企业法人治理结构不健全，所有者缺位和越位并存，企业内部激励机制和动力机制不足，国有文化实体难以真正摆脱传统体制束缚。因此，长期以来，我国文化企业的融资渠道狭窄、融资成本较高，金融支持文化产业发展的路径、机制和政策并不通畅，制约了文化软实力的提升。

2010年，中央宣传部、中国人民银行、财政部、文化部等机构联合发布了《关于金融支持文化产业振兴和发展繁荣的指导意见》要求各金融部门要把积极推动文化产业发展作为一项重要战略任务，作为拓展业务范围、培育新的盈利增长点的重要努力方向，大力创新和开发适合文化企业特点的信贷产品，努力改善和提升金融服务水平，促进我国文化产业实现又好又快发展。2013年，中共十八届三中全会提出了"鼓励金融资本、社会资本、文化资源相结合"的要求。2014年，文化部、中国人民银行、财政部发布了《关于深入推进文化金融合作的意见》，强调要更好发挥金融政策、财政政策与文化产业政策的协同作用，鼓励金融机构大力开拓文化金融市场，最大限度地发挥金融推动文化产业发展的作用。上述政策的发布为金融手段推动文化产业的发展指明了方向。

当前，我国的金融市场不断成熟，金融服务体系日益完善，基于文化产业的特殊性，迫切需要创新文化产业发展中的金融支持路径，构建多层次的综合服务体系，以满足不同文化企业的融资需求，化解文化产业的融资难问题。在间接融资方面，在有效控制风险的情况下，创新信贷产品和服务方式，通过财政贴息、政策担保等方式，激励金融机构支持文化产业的发展。与间接融资相比，直接融资具有更强的自主性、灵活性和风险承受能力，与文化产业的特殊性更为匹配，能为我国文化产业的跨越式发展提供更大的支持。在政府的鼓励和行业的推动下，我国文化企业正加快在中小板、创业板和主板的上市步伐，拓展上市融资的规模。目前，我国共有文化类上市公司46家，总市值8791亿元，平均市盈率114倍。文化类上市公司享有的较高市盈率说明了资本市场对文化产业的未来有较强的信心，有利于文化产业的上市和融资。

图表6-3：国内文化类上市企业一览表

| 股票代码 | 股票名称 | 总市值（亿元） | 市盈率（2015年年报） |
| --- | --- | --- | --- |
| 000156.SZ | 华数传媒 | 275 | 52 |
| 000607.SZ | 华媒控股 | 164 | 58 |
| 000665.SZ | 湖北广电 | 97 | 26 |
| 000673.SZ | 当代东方 | 109 | 98 |
| 000681.SZ | 视觉中国 | 164 | 104 |
| 000719.SZ | 大地传媒 | 113 | 16 |
| 000793.SZ | 华闻传媒 | 230 | 27 |
| 000802.SZ | 北京文化 | 159 | 748 |
| 002071.SZ | 长城影视 | 72 | 31 |
| 002343.SZ | 慈文传媒 | 146 | 73 |

（续表）

| 股票代码 | 股票名称 | 总市值（亿元） | 市盈率（2015年年报） |
|---|---|---|---|
| 002502.SZ | 骅威文化 | 124 | 103 |
| 002699.SZ | 美盛文化 | 169 | 134 |
| 002739.SZ | 万达院线 | 788 | 66 |
| 300027.SZ | 华谊兄弟 | 345 | 35 |
| 300133.SZ | 华策影视 | 241 | 51 |
| 300144.SZ | 宋城演艺 | 353 | 56 |
| 300148.SZ | 天舟文化 | 140 | 79 |
| 300251.SZ | 光线传媒 | 332 | 83 |
| 300291.SZ | 华录百纳 | 189 | 71 |
| 300336.SZ | 新文化 | 114 | 46 |
| 300364.SZ | 中文在线 | 150 | 479 |
| 300426.SZ | 唐德影视 | 126 | 112 |
| 300528.SZ | 幸福蓝海 | 138 | 129 |
| 600088.SH | 中视传媒 | 81 | 306 |
| 600136.SH | 当代明诚 | 103 | 193 |
| 600229.SH | 城市传媒 | 89 | 38 |
| 600373.SH | 中文传媒 | 317 | 30 |
| 600551.SH | 时代出版 | 104 | 27 |
| 600576.SH | 万家文化 | 121 | 438 |
| 600633.SH | 浙报传媒 | 188 | 31 |
| 600715.SH | 文投控股 | 378 | 275 |
| 600757.SH | 长江传媒 | 110 | 34 |
| 600825.SH | 新华传媒 | 100 | 172 |
| 600880.SH | 博瑞传播 | 96 | 128 |
| 600977.SH | 中国电影 | 541 | 62 |
| 601098.SH | 中南传媒 | 329 | 19 |
| 601595.SH | 上海电影 | 184 | 95 |
| 601801.SH | 皖新传媒 | 329 | 43 |
| 601811.SH | 新华文轩 | 360 | 56 |
| 601900.SH | 南方传媒 | 144 | 38 |
| 601928.SH | 凤凰传媒 | 294 | 26 |
| 601999.SH | 出版传媒 | 73 | 91 |
| 603999.SH | 读者传媒 | 113 | 111 |

注1：上市公司分类采用证监会一级分类R文化、体育和娱乐业

注2：数据截至2016年11月22日

资料来源：Choice资讯，CCRD

图表 6-4：文化类企业上市融资数量（左轴）和规模（右轴，亿元）

注1：上市公司分类采用证监会一级分类 R 文化、体育和娱乐业
注2：数据截至 2016 年 11 月 22 日
资料来源：Choice 资讯，CCRD

  一般而言，上市融资适用于已经发展壮大的文化企业集团，但我国的文化产业还处于发展初期，大部分企业实力较弱，不具备上市条件。近年来私募股权基金的发展，尤其是各类文化产业投资基金的发展为文化企业的融资打开了新的渠道。根据文化基金发展报告的统计，2007-2014 年，文化产业投资基金提速发展，成为文化产业股权投资的一个重要力量。7 年时间，多达 93 只文化产业综合股权投资基金发起设立，仅 2014 年一年新增加 51 只文化产业投资基金。2014 年 40 只披露募资总金额，总募资金额高达 1196.85 亿元，平均单只基金的总募集金额达到 29.92 亿元。其中首期募集金额共达到 140.75 亿元，平均单只基金的首期募集金额达到 10.05 亿元。文化产业投资基金一般采用市场化、专业化运作方式，并针对文化产业投资特点进行相应的布局。与其他私募股权基金一样，文化产业投资基金包括天使基金、风险投资基金、股权基金、并购基金等，能够覆盖从初创期到成长期、扩张期、成熟期的企业，分别予以相应的资金支持。

图表6-5：多层次文化产业融资体系

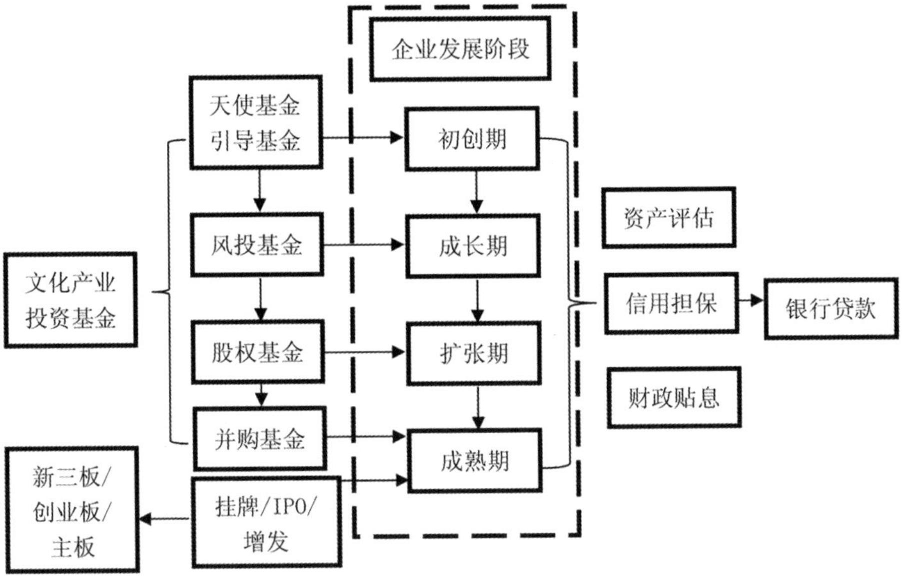

资料来源：CCRD

- **发展综合型文化集团，打造具有全球竞争力的知名文化企业**

目前我国文化企业数量众多，但整体规模较小，实力不强，还没有形成能与国际传媒巨头相抗衡的文化知名企业。根据国家统计局的数据，截至2015年底，我国共有规模以上文化企业49356家，资产总额83902亿元，实现营业收入84163亿元，占全部经营性文化企业营业收入的74.5%，实现增加值为17796亿元，占全部文化产业的65.3%。根据第一届到第八届中国文化企业30强的统计数据，我国文化产业30强的主营业务收入和净资产快速增长，增速高于行业整体，显示近年来我国文化产业行业集中度有所增强。2009年，我国文化产业30强（收入数据取自2008年）占行业全部营业收入的比重为1.87%，这一数字在2014年提高到3.39%。美国学者贝恩提出了研究行业集中度的贝恩市场结构分类法，用行业排名前4和前8位的企业占行业整体的比重来衡量行业的集中度。以此相对比，我国文化产业处于充分竞争的原子型市场结构，分散度高，集中度低。

图表 6-6：中国文化产业 30 强与文化产业整体比较

| | 文化企业 30 强 | | | | 行业整体 | | | |
|---|---|---|---|---|---|---|---|---|
| | 主营业务收入 | | 净资产 | | 主营业务收入 | | 30强比重（%） | 增加值增速（%） |
| | 亿元 | 增速（%） | 亿元 | 增速（%） | 亿元 | 平均增速（%） | | |
| 2015 | 3253 | 16.10 | 3336 | 33.28 | | | | 11.00 |
| 2014 | 2802 | 14.32 | 2503 | 20.57 | 82611 | 15.80 | 3.39 | 12.10 |
| 2013 | 2451 | 19.74 | 2076 | 9.26 | | 15.80 | | 15.00 |
| 2012 | 2047 | 28.34 | 1900 | 15.15 | | 15.80 | | 16.50 |
| 2011 | 1595 | 59.50 | 1650 | 65.00 | | 15.80 | | 21.96 |
| 2010 | 1000 | 33.33 | 1000 | 36.99 | | 15.80 | | 31.50 |
| 2009 | 750 | 50.00 | 730 | 46.00 | | 15.80 | | 10.00 |
| 2008 | 500 | | 500 | | 26802 | 15.80 | 1.87 | |

资料来源：文化企业 30 强来源于中国经济网第一届到第八届中国文化企业 30 强评选数据，行业整体主营业务收入数据来源于《中国文化及相关产业统计年鉴（2015）》分地区文化及相关产业法人单位主要指标（2008 年、2014 年），行业增加值数据来源于国家统计局

图表 6-7：贝恩的市场结构分类

| 集中度 市场结构 | C4 值（%） | C8 值（%） |
|---|---|---|
| 寡占 I：极高寡占型 | 85 ≤ C4 | |
| 寡占 II：高集中寡占型 | 75 ≤ C4<85 | 85 ≤ C8 |
| 寡占 III：中（上）集中寡占型 | 50 ≤ C4<75 | 75 ≤ C8<85 |
| 寡占 IV：中（下）集中寡占型 | 35 ≤ C4<50 | 45 ≤ C8<75 |
| 寡占 V：低集中寡占型 | 30 ≤ C4<32 | 40 ≤ C8<45 |
| 竞争性：原子型 | C4<30 | C8<40 |

资料来源：贝恩咨询，CCRD

经过多年的发展，国内文化产业已经初具规模，但是与国际知名的传媒集团相比，行业集中度低、抗风险能力弱、国际竞争力差等问题仍然突出，应该进一步鼓励文化企业做大做优做强，发展企业集团，打造国际知名的文化企业。

从发达国家传媒集团的发展历程可以看出，打破行业壁垒，加快兼并重组是文化企业做强做大、走向世界的必由之路。2012 年，新闻出版总署发布《关于加快出版传媒集团改革发展的指导意见》明确提出，鼓励出版传媒集团对业务相近、资源相通的中央和地方出版企业进行兼并重组，实现跨地区发展；鼓励出版传媒集团兼并重组新闻出版领域以外的其他国有企业，实现跨行业发展。2012 年，财政部副部长张少春在全国文化体制改革工作会议上表示，各级财政部门要支持实施重大文化产业项目带动战略，鼓励发展新媒体和新的文化业态，鼓励文化企业兼并重组和改制上市。2015 年，财政部文资办积极推动中央文化企业开展公司制股份制改造，完善内部运营机制，加

快形成有文化特色的现代企业制度；鼓励中央大型骨干文化企业通过联合、兼并、重组等多种方式对现有资源进行整合，完善产业链、优化资产配置、夯实经营主业，力争打造一批具有较强示范效应和产业拉动作用的大型文化企业集团；支持符合条件的中央文化企业在主板、创业板或全国中小企业股份转让系统发行上市或挂牌交易，推动文化资源与资本市场对接。

### 【案例】美国文化产业发展及市场竞争结构

美国的文化产业诞生于19世纪末20世纪初，以报业集团为主要产业形态。进入20世纪，广播、电视和电影公司相继成立，产业大幅扩张。20世纪80年代开始，包括报业、电视和电影也在内的美国文化产业出现了大范围的收购兼并的浪潮。1985年，大都会传播公司在沃伦·巴菲特的支持下，兼并了实力雄厚的美国广播公司，由此拉开了美国电视产业并购重组的序幕。1986年，通用电气公司以62亿美元收购了美国广播公司及其母公司美国无线电公司。1989年，时代集团以140亿美元收购了华纳兄弟公司。

图表6-8：美国文化产业的市场竞争结构

| 行业 | 子行业 | CR8 | 市场结构 |
| --- | --- | --- | --- |
| 出版业 |  | 44.4% | 低集中寡占型 |
|  | 报业 | 37.4% | 原子型 |
|  | 期刊业 | 35% | 原子型 |
|  | 图书业 | 54.8% | 中（下）集中寡占型 |
| 广播电视业 |  | 93.7% | 高集中寡占型 |
| 电影业 |  | 48.6% | 中（下）集中寡占型 |

资料来源：兴业证券，CCRD

90年代起，新一轮的并购活动迅速展开。在互联网和信息技术支撑产业融合的理念下，本轮并购活动不再局限于单一子行业，出现了一大批跨领域、跨行业的大型并购案，包括迪斯尼以190亿美元收购大都会/美国广播公司、美国电话电报公司以480亿美元收购美国远程传播公司、维亚康姆以370亿美元收购哥伦比亚广播公司等重大并购事件。

到1999年，美国著名的三大广播公司已经全部被兼并。2001年，时代华纳公司和美国在线公司高达1600亿美元的合并被批准，创下了全球文化产业史上重组规模的最高纪录。经过大规模的并购重组后，美国文化产业集中度进一步提高，形成了几大拥有卓越品牌、雄厚实力和多元经营能力的文化集团，并以美国为中心，向欧洲、南美、亚洲等地扩张，形成了覆盖全球的文化传播体系。

2016年财富世界500强的名单中，文化产业集团有三家，均来自于美国。其中，华特迪斯尼公司排名第164位，2015年的营业收入为524.65亿美元，几乎相当于中国文化企业30强营业收入的总和。

图表6-9：2016年世界500强中的美国文化公司

| 排名 | 公司名称 | 国家 | 营业收入（百万美元） |
|---|---|---|---|
| 164 | 华特迪斯尼公司 | 美国 | 52465 |
| 360 | 二十一世纪福克斯 | 美国 | 28987 |
| 376 | 时代华纳 | 美国 | 28118 |

资料来源：《财富》杂志，CCRD

● 完善空间布局，构建产业价值链要素管理的集群效应

哈佛大学教授迈克尔·波特（Michael E.Porter）在《国家竞争优势》（The Competitive Advantage of Nations）一书中指出，产业集群是集中在特定区域的、在业务上相互联系的一群企业和相关机构，包括提供零部件等上游的中间商、下游的渠道与顾客、提供互补产品的制造商以及具有相关技能、技术或共同投入的属于其他产业的企业。波特认为，国家竞争优势的关键要素会组成一个完整的系统，是形成产业集群现象的主要原因。产业集群现象会促进人才与技术的交流，从而为创新提供源源不断的动力。

现代文化产业也出现了产业集群的趋势。斯科特（Scott，1997）发现，文化产业的空间分布并不是均质的，而通常是以企业的空间集聚为主要特征，并倾向于在像洛杉矶、纽约、伦敦、巴黎、米兰、东京，以及北京、上海、首尔等世界城市或是国家的主要文化城市集聚[28]。在2007年伦敦举行的国际创意产业论坛上，有多位专家结合多个国家的案例指出在全球的版图上，已经形成了十多个文化创意产业的集群，包括洛杉矶的影视娱乐产业集群、纽

---

28 参见 Scott.A.J. The Craft Fashion and Cultural-Products Industries of Los Angeles：Competitive Dynamics and Policy Dilemmas In a Multisectoral Image-Producing Complex Annals of The Association of American Geographers, 1996, ; Scott.A.J. The Cultural Economy of Cities. Blackwell Publishers, 1997; Scott.A.J. The Cultural Economy of Paris . International Journal of Urban and Regional Research, 2000; Scott.A.J. Cultural-Products Industries and Urban Economic Development Prospects For Growth and Market Contestation In Global Context Urbanairs Review, 2004;

约的设计媒体娱乐产业集群、斯坦福-硅谷的软件网络和数码内容产业集群、伦敦的设计媒体和娱乐产业集群、东京的动漫媒体印刷产业集群、米兰的时尚会展产业集群、孟买（宝莱坞）的影视娱乐产业集群、法兰克福会展出版产业集群等。[29]

伦敦是全球最早发展创意产业的世界经济中心城市之一，新兴的创意产业集群有伦敦东区（East London）的电影集群，德普特福特（Deptford）的视觉和表演艺术集聚区，斯特拉福（Stratford）的文化季和福林芝城（City Fringe）的设计、新媒体和音乐集群。伦敦有着全英40%的艺术设施，70%的音乐录音工作室、90%的音乐活动、70%的影视制作、46%的广告、85%的时尚设计师和27%的建筑艺术设计实践。[30]

日本动漫行业的产值约占全球市场的70%，而东京则吸引了日本80%以上的动漫企业。东京动漫产业主要集中在杉并和练马两个区域。东京杉并动漫中心以动漫博物馆为核心，聚集了日本25.6%的动漫企业，被称为"动漫之城"。东京练马区聚集了日本16.5%的动漫企业，被称为日本动漫发源地，日本最早的长篇彩色动画作品《白蛇传》（1958年）和《铁臂阿童木》、《森林大帝》、《聪明的一休》、《银河铁道999》等众多名作均诞生在这里。动画（漫画）大家手冢治虫、松本零士、千叶彻弥等很多艺术家住在这里，东映动画公司和手冢治虫的"虫生产"公司等代表日本动画产业水平的数家制作公司也位于该区。

现代文化产业所出现的空间集群的趋势来自于多方面的因素。斯科特（2005）将文化创意产业在城市空间的集聚，归因于历史的文化沉淀、人际关系的互动、生产组织的变化与制度安排，并认为文化产业选择在城市的空间集聚，表明集聚经济对文化生产和文化产业竞争力的重要作用，由集聚经济所呈现的生产者网络、地方劳动力市场和创意场是城市文化经济发展的主因。在城市政策方面，倾向在大城市和城市内部的文化创意集群政策，以发挥文化产业的规模经济和集聚经济。

Lazzeretti（2012）通过计算欧洲各国大都市文化产业的区位来判定欧洲各国文化产业集聚趋势认为，文化产业公司间的地理接近是受外部经济的驱

---

29　Creative Cluster Conference, 2007 UK
30　Office for National Statistics (ONS), "Creative Industries Economic Estimates", http://www.culture.gov.uk/。

动，外部经济包括劳动市场的互动；外部供应商及时供应分包安排；顾客的互动；公司网络、合作和竞争、集体学习和创新。

Hutton（2004）认为除了集聚经济外，城市空间可以为创意产业集中提供一些独特的便利，主要包括：1）建筑环境，尤其是可以作为工作空间的建筑空间与结构；2）文化便利，如可以提供知识空间集中的画廊、博物馆、展览馆和历史遗迹等；3）环境便利，小公园、公共广场等空间提供了社会交往的机会，促成了社会关系网络的建立；4）机构稠密性的便利，周边地区的艺术学院，时装设计学校，艺术家和手工业者专业培训机构，非政府组织、社区组织等公共机构，增加了机构稠密性，增强了学习和交往上的便利。

综上所述，文化产业集聚的动力机制主要来源于两个机制：一是外生机制，主要源自于外部经济效应、节约交易成本、产业链的吸聚效应、区位品牌效应等区域经济规律；二是内生机制，主要源自于知识与技术扩散和共享的基本要求，包括学习效应、竞争压力、创新效应等。

目前，全球文化产业的竞争，已经逐渐演变成文化产业集群之间的竞争。我国文化创意产业刚刚起步，应该顺应文化产业集聚的客观规律，合理规划文化产业的空间布局，以文化产业集群建设作为一系列的"加速器"和"增长极"来提升整个国家文化产业的总体创新能力、市场拓展能力、综合管理能力。[31] 目前，各类文化创意产业基地和聚集区建设初具规模，但特色还不明显。未来发展需要加强对特色文化创意产业集群的培育，建设一批特色鲜明、优势突出的文化创意产业基地和园区，打造较为完整的文化创意产业链条，实现文化创意产业集群发展和产业规模效应的充分释放，全面提升文化产业的核心竞争力。在文化产业集群的建设中，硬件设施并不是决定性因素，产业集群的做大做强关键还是看软实力，知识、技术、创意在整个集群中的流动性和竞争力。

当代的文化产业集群大都集中在繁华的大都市，最大化的利用了城市的公共基础设施、商业网络、文化底蕴、人力资源和文化消费市场。因此，当代文化集群的建设与城市化的浪潮，特别是城市的功能转型与再造紧密相通。北京的798艺术区就是典型的以文化集群推动城市更新的例子。

---

31 《推动文化产业的集聚发展——"十二五"期间提升中国文化软实力的重大课题》，花建，《社会科学》，2011年第1期。

798艺术区位于北京市朝阳区大山子，是在20世纪50年代初前苏联援建的工业项目遗址上改造而成的，区域内总建筑面积23万平方米。798有独具特色的包豪斯风格建筑，工业厂房整齐排列，红墙斑驳，管道纵横，墙壁还保留着各个时代的标语。宽大的创作空间和低廉的房租吸引了一大批艺术家的进入，从2000年中央美术学院雕塑系教授隋建国在798租下第一个工作室开始，一批艺术家、画家、经纪人陆续进驻厂区，自发形成了一个SOHO式艺术聚落和LOFT生活方式，并最终塑造成画廊、艺术工作室、文化公司、时尚店铺于一体的多元文化空间。2006年798艺术区被列为北京市首批文化创意产业集聚区，北京市政府通过资金扶持和政策扶持，有效改善了798的基础设施环境，促进了艺术区产业规模的扩大和外部经济的增强。现在，798已经发展成为具有浓郁艺术氛围和独特个性的国内外具有影响力的文化艺术产业区，不仅有效促进了文化产业的发展，还提升了城市的空间形象和价值。

图表6-10：北京798艺术区

资料来源：CCRD

- 推动"引进来"和"走出去"，提升文化产业的国际竞争力

经过过去十多年的发展，中国文化产业已经取得了长足的进步，初步具

备了一定的国际竞争力。根据联合国教科文组织的统计，从 2010 年开始，中国已经成为了全球第一大文化产品出口国。2013 年，中国文化产品的出口总额达到 600 亿美元，是第二名美国的两倍多。

从细分行业来看，视听产品和工艺品是我国的优势产品，表演和节日商品、印刷品和设计创意商品也具有较大优势，文化和自然遗产商品出口最少。尽管我国已经成为了文化商品的第一大出口国，但在文化服务贸易领域，我国仍然没有取得突破。根据联合国教科文组织的定义，文化服务主要包括文化产品的授权、许可以及为文化产品的生产和文化活动提供的支持性服务。在这个领域，高收入国家占有绝对优势，在全球服务出口的占比一直稳居 90% 以上。美国是全球第一大服务贸易出口国。2012 年，美国文化服务出口达到了 686 亿美元，是第二名英国的 4 倍左右。

图表 6-11：2004-2013 年十大文化产品出口国

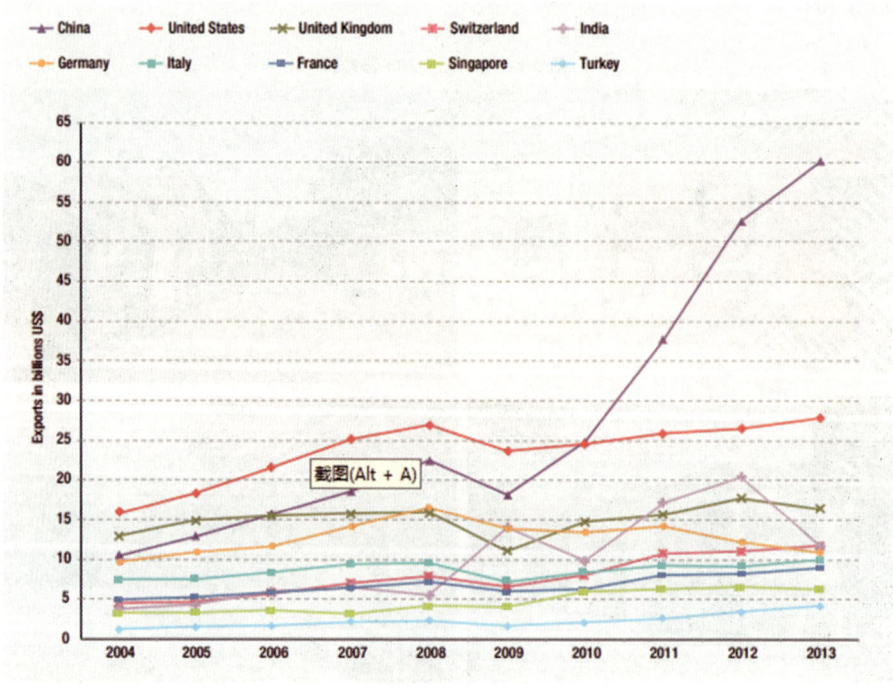

资料来源：联合国教科文组织，CCRD

图表 6-12：2004-2013 年十大出口国在文化细分领域的表现

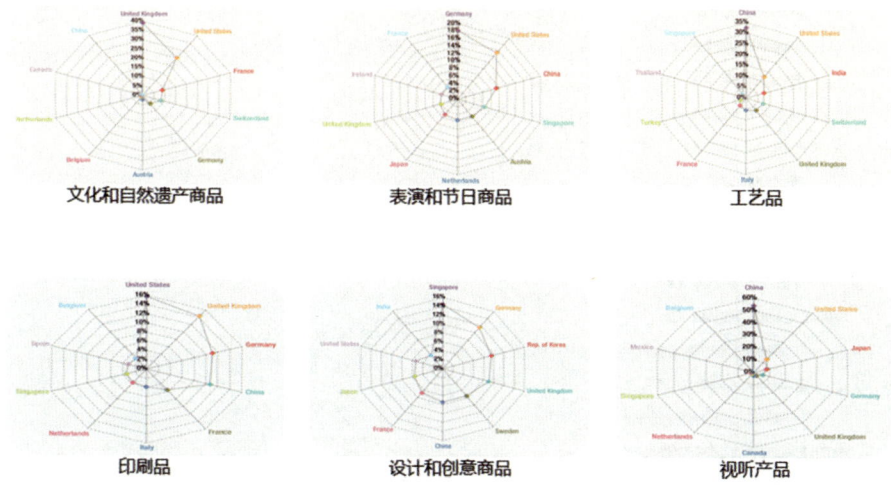

资料来源：联合国教科文组织，CCRD

图表 6-13：按国家收入分组的世界文化服务出口占比（2003-2012）

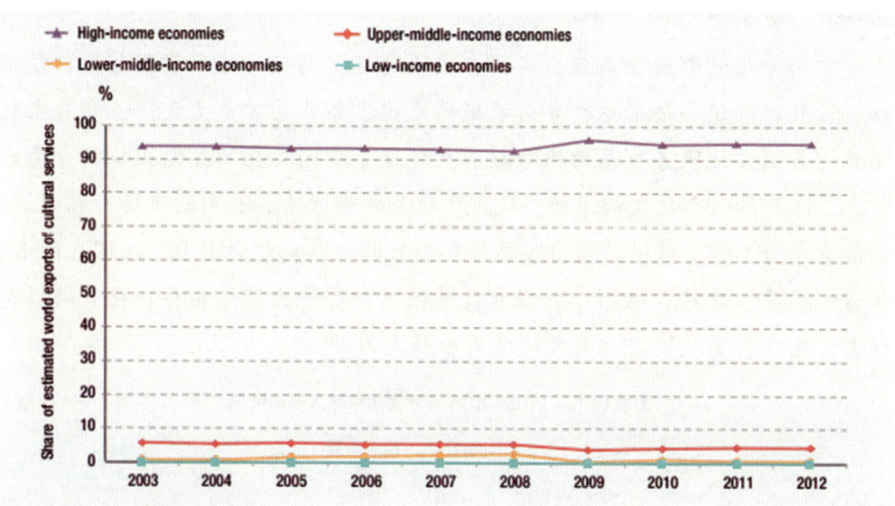

资料来源：联合国教科文组织，CCRD

图表 6-14：十大文化服务出口国（2012）

| Top 15 exporters | Billions US$ |
|---|---|
| AUSTRIA | 1.3 |
| HUNGARY | 2.0 |
| FINLAND | 2.1 |
| ITALY | 2.1 |
| REP. KOREA | 3.2 |
| BELGIUM | 3.2 |
| IRELAND | 3.5 |
| LUXEMBOURG | 4.1 |
| SWEDEN | 4.9 |
| NETHERLANDS | 4.9 |
| CANADA | 5.9 |
| GERMANY | 6.1 |
| FRANCE | 9.9 |
| UNITED KINGDOM | 13.8 |
| UNITED STATES | 68.6 |

资料来源：联合国教科文组织，CCRD

凭借雄厚的制造业基础，我国在文化商品贸易领域建立了优势，但以版权、授权、知识和技术性服务为基础的文化服务贸易才是文化产业皇冠上的明珠。美国文化服务贸易的出口额甚至超过了中国文化商品的出口额，由此可见，这是另一个巨大的市场。从文化服务贸易来看，我国的市场份额极低，国际竞争力不强。根据新闻出版总署和国家版权局的统计数据，我国在图书、录音、录像、软件、电影、电视节目等版权输入输出领域都存在巨大的贸易逆差，充分表明我国在相关领域还存在较大差距。

图表 6-15：2012-2015 年我国版权输入输出情况　　　　　　　　　　（项）

| | | 合计 | 图书 | 录音制品 | 录像制品 | 电子出版物 | 软件 | 电影 | 电视节目 | 其它 |
|---|---|---|---|---|---|---|---|---|---|---|
| 2015 | 进口 | 16467 | 15458 | 133 | 90 | 292 | | | | |
| | 出口 | 10471 | 7998 | 217 | 0 | 650 | | | | |
| 2014 | 进口 | 16695 | 15542 | 208 | 451 | 120 | 46 | 8 | 316 | 4 |
| | 出口 | 10293 | 8088 | 129 | 73 | 433 | 5 | | 1555 | |
| 2013 | 进口 | 18167 | 16625 | 378 | 538 | 72 | 169 | | 381 | 4 |
| | 出口 | 10401 | 7305 | 300 | 193 | 646 | 20 | | 1938 | |
| 2012 | 进口 | 17589 | 16115 | 475 | 503 | 100 | 189 | 12 | 190 | 5 |
| | 出口 | 9365 | 7568 | 97 | 51 | 115 | 2 | | 1531 | 1 |

资料来源：国家版权局，CCRD

近年来，我国国内电影市场火爆，国产电影票房纪录屡屡刷新。虽然国产电影在国内取得了好成绩，但走出国门却通常反应平淡。2007-2015年，我国国产电影国内票房收入从18.01亿元增长到271.36亿元，但国产影片海外票房收入始终在20亿元人民币左右徘徊。2015年，我国国产电影海外票房收入仅为国内票房收入的1/10。有两方面的原因导致了我国国产电影的海外遇冷，一是国内电影创作的世界性表达与此前相比没有实质性提升，与国际电影主流形态存在差距；二是国产电影的国际化传播能力不足，宣传、营销手段比较落后，难以打开市场。

随着全球化浪潮的加速推进，文化的力量逐渐被人们所关注和重视。越来越多的国家把文化的深层次影响作为战略手段，通过提高文化的国际影响力来塑造良好的国家形象、增强自身在国际事务中的作用。在中国逐渐崛起的过程中，党和政府也越来越清醒的认识到，一个国家的真正崛起必然包含文化的崛起。因此，习近平总书记发出了"提高国家文化软实力"的号召，提出了中国特色社会主义的"第四个自信"——文化自信。当前，随着中国国家实力的不断增强，中华文化的国际影响力持续攀升，辐射范围逐渐扩大，但与世界文化强国和我国的经济实力相比，中华文化的国际影响力还十分有限。世界对中华文化的了解大多限于功夫、孔子等具体的文化符号，吸引力仅仅停留在表层阶段，难以产生深刻的文化认知，也更谈不上文化理解与文化认同。同时，在中华文化走出去的过程中，市场化手段不足，官方色彩过于浓厚，吸引力、认同度和感召力都不够深入，容易招致质疑与防备。

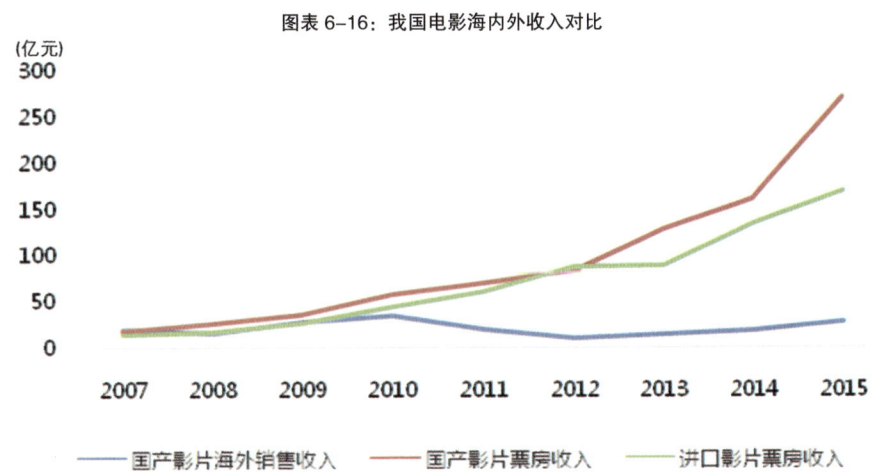

图表6-16：我国电影海内外收入对比

资料来源：国家统计局，CCRD

- 鼓励互联网企业的海外并购和投资

为促进中外文化交流、提升国内文化企业的创作能力、技术实力、运营管理能力和传播水平，国家应鼓励文化企业通过海外并购和投资加速资源整合。借助多边贸易机制和签订区域贸易协定助力文化产业的海外投资和并购活动，加速在国际市场的战略布局。

- 加大行业税收优惠

文化产业的发展催生了传统产业的"IP化"和"衍生化"，而产业的融合及产业间跨界整合也必然产生新的产业生态系统，造成企业主体边界模糊，主营业务构成，收入、成本支出结构的复杂化，因而需要对现有的税收制度进行相应的调整以适应文化经济的发展。首先要明确税收主体，对符合条件的文化企业或传统企业与文化企业合作，可按规定享受相应营业税和所得税优惠。其次，结合文化企业高研发投入和低固定成本的特点研究完善鼓励文化产业创新的税收支持和引导政策。此外，我国目前没有形成与网络文化和虚拟经济交易相配套的税收法律法规体系，使得这个领域的税收存在极大的不确定性。国家相关部门对网络交易和互联网经济中的纳税义务人、课税对象、纳税环节、纳税期限等税制要素的明确界定已迫在眉睫。

# 文化中心基金的探索与实践 | 7

> 要明确城市战略定位,坚持和强化首都全国政治中心、文化中心、国际交往中心、科技创新中心的核心功能,深入实施人文北京、科技北京、绿色北京战略,努力把北京建设成为国际一流的和谐宜居之都。
>
> ——建设首善之区提五点要求,习近平

2014年2月,习近平总书记在北京市考察时,就推进北京发展和管理工作提出五点要求。一是要明确城市战略定位,坚持和强化首都全国政治中心、文化中心、国际交往中心、科技创新中心的核心功能,深入实施人文北京、科技北京、绿色北京战略,努力把北京建设成为国际一流的和谐宜居之都。二是要调整疏解非首都核心功能,优化三次产业结构,有效控制人口规模,增强区域人口均衡分布,促进区域均衡发展。三是要提升城市建设特别是基础设施建设质量,以创造历史、追求艺术的高度负责精神,打造首都建设的精品力作。四是要健全城市管理体制,提高城市管理水平。五是要加大大气污染治理力度。

围绕文化中心建设发展需要,落实北京市文化改革和发展领导小组会议要求,2015年8月,北京市文化投资发展集团有限责任公司(简称"文投集团")[32]全资设立北京市文化中心建设发展基金管理有限公司,注册资本5亿元人民币。基金管理公司发起设立并管理"北京市文化中心建设发展基金"(简称"文化中心基金")。基金设计总规模1000亿元,首期200亿元,根据首都文化中心的建设目标,投资于北京市文化产业功能区配套建设项目、京津冀文化要素市场建设项目、北京市市属国有文化企业并购重组项目及优

---

32 北京市文化投资发展集团有限责任公司是由北京市政府授权北京市国有文化资产监督管理办公室(简称"文资办")出资设立的市属一级企业,成立于2012年12月11日,注册资本60亿元。文投集团作为首都文化创意产业重要的投融资平台,履行北京市政府文化投资职责,行使国有文化资本投融资主体职能。

秀的市场化股权投资项目等方向。

文化中心基金高度重视以历史观、发展观和哲学观确立自身的经营理念和投资哲学；从理念创新到实践创新，为中国经济与社会转型及推动北京市文化中心建设和区域经济发展作出更加积极的贡献。为了更加扎实有序、科学严谨的研究、完善并推广自身的创新发展理念，文化中心基金于2016年8月创建了文化中心智库，（CCRD）。文化中心智库的定位是：以战略问题和公共政策为主要研究对象；以服务党和政府科学民主依法决策为宗旨；围绕经济与社会发展和北京市文化中心建设目标，建设具有相当水准的公共研究机构，形成多层次的学术交流平台和成果转化渠道。文化中心智库致力于成为政策与市场的连通器，助力中国文化创意产业市场化改革，促进文化产业繁荣发展；促进北京文化中心建设与发展的产学研一体化业务管理体系与商业生态圈的构建；建立行业标准，推动市场联动，放大资本效应，构建全球布局。

文化中心基金成立以来，秉承改革进取、务实创新；点面结合、稳中突破的投资发展理念，透过强化文化产业价值链要素建设与管理，推进北京市文化中心建设。一年多时间内，文化中心基金的探索与实践总结为以下几个方面，供业界参考和借鉴。

## 构建基金生态圈，为文化发展提供金融动力

北京市文化中心建设发展基金管理有限公司是北京文投集团为首都文化中心建设而设立的全资子公司。公司设立的首要目标就是要创新基金发展模式，充分发挥桥梁和纽带的作用，用金融手段助力首都文化创意产业发展，为北京市文化产业的供给侧改革和加快建设中国特色社会主义先进文化之都的宏伟目标作出贡献。因此，文化中心基金管理公司设立本身就是以金融手段推动文化产业发展的探索。

文化中心基金根据首都文化中心的建设目标，确立了北京市文化产业功能区配套建设项目、京津冀文化要素市场建设项目、北京市市属国有文化企业并购重组项目以及优秀的市场化股权投资项目四大投资领域。面对文化企业融资难的问题，基金管理公司除了文化中心基金外，积极与政府机构、上市公司、大型企业、被投资企业及行业投资人联合发起设立子基金，充分发

挥财政资金和国有骨干文化企业资金的杠杆作用，撬动和引导民间资本，共同推动文化产业发展。文化中心基金根据项目孵化、发展的不同阶段，联合民间资本打造"从A到O"的覆盖企业发展全阶段的基金生态圈，力求以被投资企业为圆心，完成产业资源的再造和整合。

### 打造产业生态圈，发展壮大文化产业集团

作为以文化中心建设为使命的投资基金，文化中心基金从设立开始就以大格局、大视野建立了全新的投资管理模式：在寻求单个项目经济效益的同时，通过项目之间的协同效益和并购整合，构建产业闭环，建立产业生态圈，以此推动整个中国文化产业的发展繁荣。

首先，从产业发展趋势寻找优秀标的企业，将其打造为纵向产业资源整合管理的平台企业；其次，积极配合、协助标的企业进行上下游产业链整合，培育出国内领先、具有全球竞争力的龙头企业；第三，与龙头企业联合发行产业投资基金，帮助标的企业构建产业链闭环，同时也实现基金自身"从A到O"扩展到"从A到F"；第四，聚合优秀标的企业，构建产业生态圈，以此真正做大做强文化产业，实现经济效益和社会效益的双丰收。

目前，文化中心基金已投资航美传媒、万象娱通、微播、花椒直播等项目。其中，航美传媒是国内领先的中高端户外媒体运营商，是中国第一大航空媒体运营商，在中国航空数码媒体市场占有率超过90%，在户外广告领域排名中国第二、世界第八。航美传媒业务覆盖全国32个机场，共计拥有1803个媒体资源点位，媒体总面积超过5000平米，在全国建立了完善的媒体资源网络。文化中心基金2015年12月完成了对航美广告的收购。2016年1月，将航美广告与原股东分拆独立，实现了运营独立，财务独立，人员独立，管理独立。在航美完成分拆独立后，文化中心基金聘请了德勤的管理咨询团队对航美传媒现有的业务流程和内控制度进行了梳理，基金对航美传媒进行了制度完善、结构调整和流程改进。2016年上半年，航美传媒的经营业绩实现了大幅增长。未来，文化中心基金还将通过资本平台进行产业并购整合，借助文投资源延伸产业上下游，将航美传媒打造成为综合传媒航母级龙头企业；之后进一步收购海外传媒企业或资产，通过市场化运作，实现媒体资源占有、媒体内容影响、媒介方式控制，将其建成具有国际重大影响力的文化

传媒集团。

## 支持内容产业，建立精品内容生产孵化平台

文化中心基金积极支持内容产业，运用金融手段建立精品内容生产孵化平台。文化中心基金带动民间资本联合设立了投资于精品内容产业的产业投资基金。该基金已完成设立并开展投资工作。基金还出资主办了传统京剧《打金枝》的复排演出。本次复排演出由北京国粹艺术传承促进会承办，邀请到了当今京剧舞台上的几位领军人物登台，已于2016年底在北京梅兰芳大剧院隆重上演。本次演出对于弘扬社会主义核心价值观和推广京剧国粹艺术都有着积极的促进作用。

未来，文化中心基金将充分发挥其特点，一是利用已投企业和已投项目，深入挖掘，跨界整合，撬动行业内外优质资本，投资和帮助业内优秀内容制作企业进行品牌打造及深加工；二是要积极引进"外援"，广泛及时地发现海外优秀文化企业和项目，通过投资、并购等资本运作方式，将优质精品内容引入文化中心基金的内容生产平台；三是通过资本力量，引导已投项目与"外援"有机整合，衍生出更多精品内容作品。

## 建设文化功能区，优化首都文创产业的空间布局

文化中心基金主要围绕两个方面推进北京市文化功能区建设：一是深化与北京各区政府对接，围绕文化中心建设，立足北京市十六区二十园文化功能区的规划，积极推进与各区联动成立产业重点基金，通过联动基金优化区域文化产业的空间布局；二是以"产业聚集、空间表达、金融手段"为理念，从资产管理和功能区建设两个方面打造知名文创园区，为文化思想和文化创意的空间表达提供基础物理设施。

在联动基金方面，文化中心基金已经与北京市发改委、北京市门头沟区政府代表企业合作设立了优化北京西部区域文化旅游布局的京西文化旅游产业投资基金。该基金的设立为京西地区改善城市面貌、加快地区文化产业发展带来了更多契机，也为充分发挥区域资源禀赋优势，大力发展旅游文化休闲产业、培育新兴战略性支柱产业体系，创造了难得的机遇和条件。

在存量资产管理方面，公司主要与国有企业、房地产开发企业合作，将原有的物业进行升级改造，打造符合北京市文化创意产业功能区政策要求、有社会影响力和竞争力的文创产业协同聚集区，形成基于互联网的文创产业垂直生态产业链系统。在功能区建设方面，基金与现有的土地所有者合作，共同建设知名的文化创意产业园区。

### 围绕所投企业，支持文化"引进来"和"走出去"

2016年初，文化中心基金所投资的企业——北京万象娱通网络科技股份有限公司与新加坡Mediacorp建立战略合作关系，共同在新加坡及其他东南亚国家共同开拓动漫市场。双方在新加坡国立电视台合作运营iKan Time，播放由万象娱通提供的中国原创动画片。2016年8月，首部动画片已在新加坡国立电视台8频道播出。

2016年11月25日至12月2日，万象娱通联合新加坡优势国际有限公司联合主办了首届"新加坡国际动漫节"（Merlion Animation Week，MAW）。新加坡经济发展局、新加坡国际管理局、新加坡媒体信息管理局成为动漫节的指导机构；支持机构包括新加坡媒体部、新加坡发展委员会、新加坡媒体集团，亚洲动画联盟等。本次中国企业与新加坡官方机构联合主办的新加坡动漫节能够全面提升国内与国际顶尖动漫公司的交流与合作，直接有效对接全球顶尖动漫产业资源，为更多中国动漫企业搭建一个走向世界的舞台。2017年，万象娱通将举办MAW在大中华区的巡展活动，进一步促进国内和国外知名企业的资源整合和双向交流。

文化中心智库季刊 | CCRD Quarterly

# 中国股权投资行业发展观察与思考

2016 年 6 月
北京文化中心智库 | CCRD

# 春水微澜，静水流深

2015年，中国股权投资市场高速增长，私募股权基金的募集数量和金额都创出历史新高。在日益活跃和快速增长的背后，如同中国经济及在很多行业和市场领域出现的问题一样，私募股权投资领域也出现了市场火热、高速增长、交投活跃但赚吆喝不赚钱的发展窘境，表现为基金投资的平均进入价格不断上升，平均退出时间不断拉长，平均账面回报率不断下降。很多行业和市场的发展经验表面，一旦陷入羊群效应之中，红海中厮杀往往会满盘皆输。问题出在哪里？又该如何破茧而出？

国内股权投资市场"羊群效应"突出的产生主要原因是：

首先，经济转型影响。改革开放以来中国奉行出口导向型经济增长模式，宏观经济对投资拉动依赖性很强、由此导致社会财富主要集中在房地产、出口制造、贸易等领域。当新经济浪潮来袭，互联网思维充当了未来的财富效应时，不懂但又着急的心态导致投资涌向信息技术和互联网等行业。相比于中国，美国的经济结构和产业分布相对均衡，各行各业保持了持久的创新力，不断涌现的创新型公司和投资机会产生了很强的财富效应。总体而言，美国投资市场依然保持着创新驱动，而中国则仍是由机会市场驱动。

其次，财富再分配对投资的影响主要体现在出资者（LP）构成。经过几代人和几十年的跌宕发展，美国股权投资市场的资金来源多样化，包括共同基金、养老基金、企业、学校、个人、外国投资者等等，构成了多样化的资金来源。这个背景决定了，基金的投资行为更加专业化和均配化，更加追求长期效应。反之，中国的股权投资基金特别是天使投资的资金主要来源于个人或由单一股东持股比例较高的企业，投资行为带有明显的个人意愿色彩，投资目的主要为个人财富的分配与循环。

第三，受上述因素影响，中国股权投资及决策过程的人为决定性更强。

加之中国传统文化偏爱圈子文化、从众心态等，更导致人的决策又受到其朋友圈、关系圈和利益圈的影响，使股权投资市场整体的"羊群效应"突出。

国内股权投资市场仍处于成长期，尽管投资压力和回报率都未达预期，但毕竟这个行业和市场都在增长，投资机会和环境都还备受追捧。春水微澜之下，未来若可期，需要去除浮躁和浮夸；静水流深，股权投资行业应回归投资的本源和专注于价值挖掘的本质，以更专业的理念和方法，让资本和投资行为成为推动中国经济转型的重要力量。

参照学习美国股权投资行业的一些经验，比照国内实际情况，重点关注新商业和创新发展趋势，国内股权投资行业的未来发展战略和策略调整重点可关注以下几个方面。

第一，以专注实现专业。持续专注于有潜力的单一主题能够使基金管理人获得对相关行业更深刻的理解和更快的响应速度，从而有效地跳出羊群。

第二，从投后管理到搭建企业集群平台。"天使＋孵化器"模式正在将投后管理推向新的高度。投后管理的新高度要求基金投资者在投后通过持续的资源注入和资本整合来帮助企业成长，获取超额回报。

第三，构建生态体系。从构建生态体系的角度出发，通过有效的产业布局来充分发挥被投企业间的协同效应，最大限度利用规模经济和范围经济获取超额回报。

第四，做积极的产业融合推动者。新的产业整合模式超越了传统的财务投资者和战略投资者的范畴，围绕某一特定的有发展潜力的产业主题，寻找符合产业发展趋势的目标企业，后续通过多个金融、产业平台提供企业发展所需的全方位资源，最终聚合目标企业构建生态体系，推动整个产业的发展。

# 困惑中前行

在日益活跃和快速增长的背后，国内私募股权基金的平均进入价格不断上升，平均退出时间不断拉长，平均账面回报率不断下降。

2015年，中国股权投资市场高速增长，私募股权基金的募集数量和金额都创出历史新高。根据投中信息、歌斐资产《2015中国PE/VC行业白皮书》的统计，截至2015年12月底，国内共有1314只私募股权基金完成募集，比2014年增长141%；募集金额达到1177亿美元，比2014年增长46%（图表1-1）。

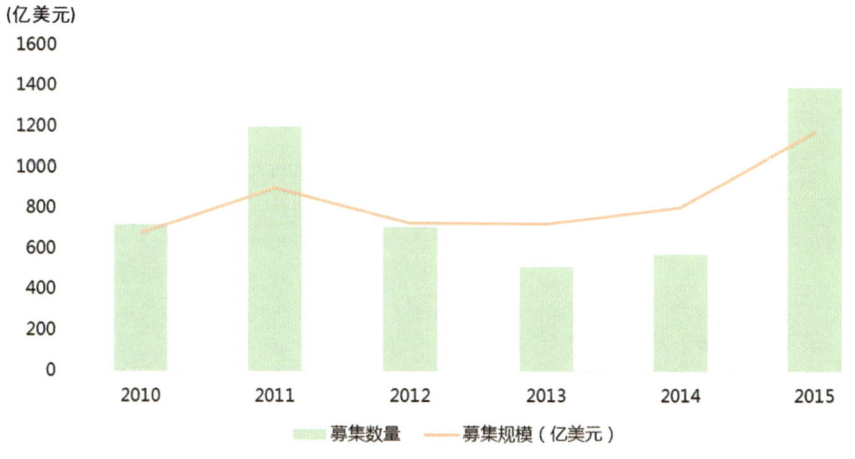

图表1-1：2010-2015年国内私募股权基金募集情况

资料来源：《2015中国PE/VC行业白皮书》、CCRD

国内私募股权投资的项目数量和投资规模在2015年均创历史新高。截至2015年12月底，各类投资基金共投出2123个项目，投资规模达821亿美元，较2014年分别增长29%和52%，两项指标均实现了连续三年增长（图表1-2）。

图表 1-2：2010-2015 年国内私募股权基金投资情况

资料来源：《2015 中国 PE/VC 行业白皮书》，CCRD

募资和投资规模高速增长的同时，国内私募股权投资基金之间的市场竞争日趋激烈，表现在进入价格不断上升，平均退出期限拉长，平均账面回报不断下降。《2015 中国 PE/VC 行业白皮书》数据显示，2015 年投资项目的进入价格（估值）处于高位，平均市盈率（P/E）高达 33 倍，甚至超过了 2011 年的所谓"全民 PE"时期（图表 1-3）。从退出期限看，受累于全球经济低迷和国内资本市场（主要为 A 股市场）阶段性停摆，从 2012 年开始平均退出期限不断上升，2015 的平均退出期限为 44 个月（图表 1-4）。

图表 1-3：2010-2015 年国内私募股权投资项目的平均进入价格（P/E）

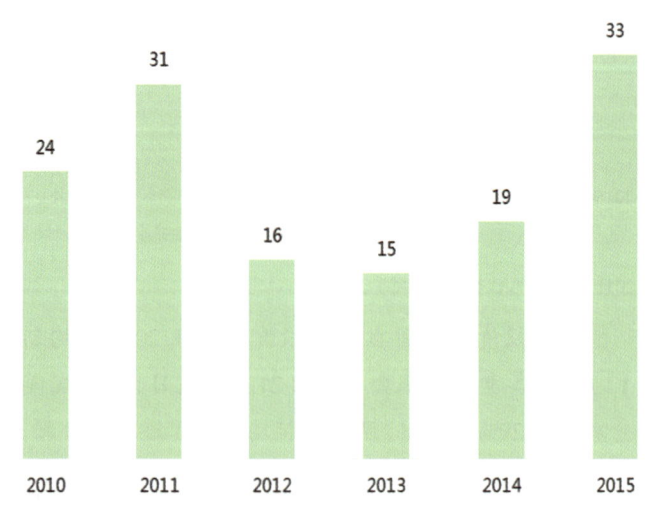

资料来源：《2015 中国 PE/VC 行业白皮书》，CCRD

图表 1-4：2008 –2015 年国内私募股权投资的项目平均退出期限（月）

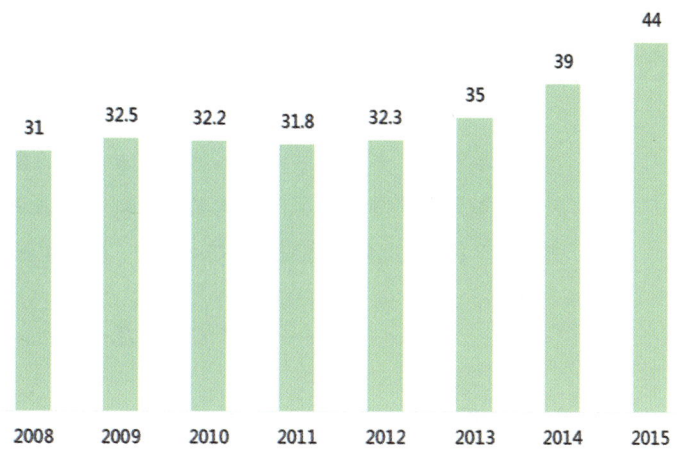

资料来源：《2015 中国 PE/VC 行业白皮书》，CCRD

平均账面回报 IRR 从 2010 年开始下降，回报倍数从 2011 年开始下降。2015 年，平均账面 IRR 为 32.39%，平均账面回报倍数为 3.87 倍，都处于历史低位（图表 1-5）。

图表 1-5：2008 –2015 年国内私募股权投资的项目平均退出期限（月）

资料来源：《2015 中国 PE/VC 行业白皮书》，CCRD

如同中国经济及在很多行业和市场领域一样，私募股权投资领域也出现了市场火热、高速增长、交投活跃但赚吆喝不赚钱的发展窘境。很多行业和市场的发展经验表面，一旦陷入羊群效应之中，红海中厮杀往往会满盘皆输。问题出在哪里？又该如何破茧而出？

春水微澜，静水流深 ｜ 109

# 羊群效应

> 简单而言，普通投资者受其他投资者观点的影响也是很深的。如果他们看到有人开始对某家初创企业出手，自己往往也会一拥而上。如果看到别人按兵不动，自己也会裹足不前。
>
> —— 保罗·格雷厄姆（Paul Graham）

在股权投资行业，盲目跟风产生的"羊群效应"会加剧基金之间的竞争，导致资产价格上升和投资回报率下降。根据 Wind 的 PE/VC 数据分析，2015 年国内股权投资量占比 5% 以上的行业有 4 个，分别是信息技术、可选消费、金融和工业（图表 2-1）。其中，信息技术的占比高达 64%。从投资金额看，比 5% 以上的行业有五个：信息技术、可选消费、金融、工业和医疗保健。其中，信息技术的占比为 56%（图表 2-2）。

图表 2-1：按投资数量 2015 年中国股权投资的行业分布

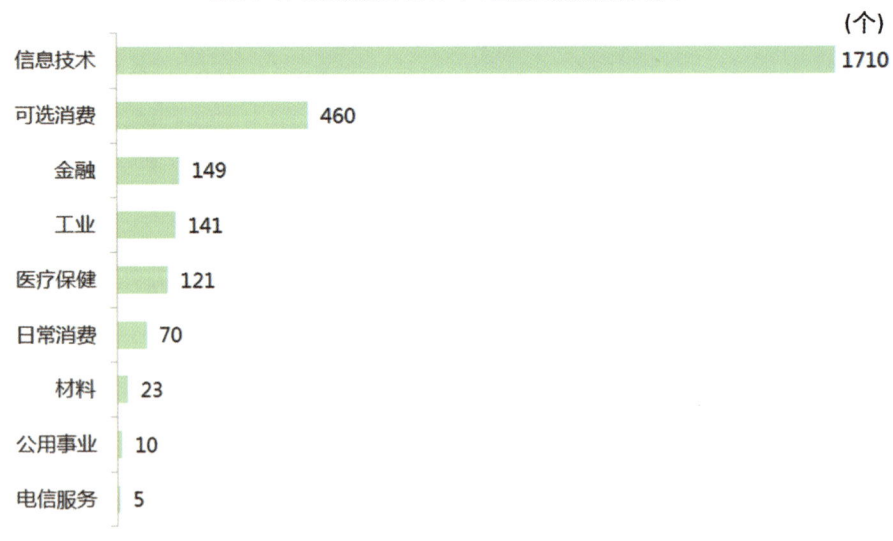

资料来源：Wind, CCRD

图表2-2：按投资金额2015年中国股权投资的行业分布及占比（%）

材料 2%
日常消费 3%
公用事业 1%
电信服务 0%
医疗保健 6%
工业 8%
金融 9%
可选消费 15%
信息技术 56%

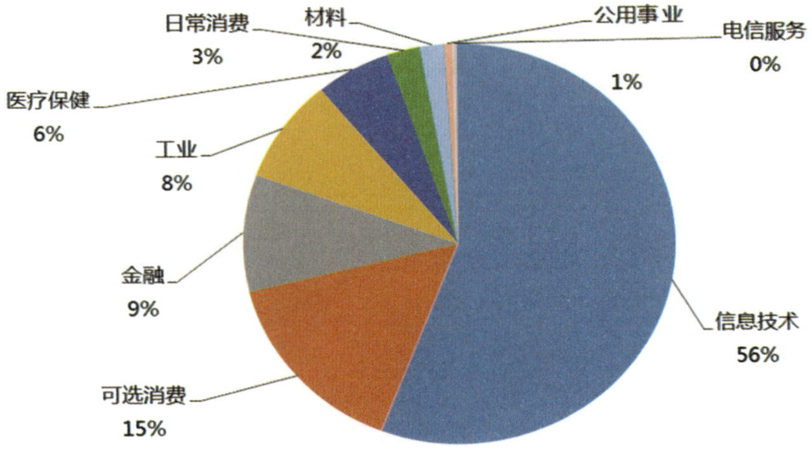

资料来源：Wind，CCRD

根据Money Tree Report数据，2015年美国股权投资数量占比5%以上的行业有7个，分别是软件、生物技术、媒体和娱乐、消费产品和服务、IT服务、工业/能源、医疗机械和设备。其中，软件行业占比40%（图表2-3）。投资金额占比5%以上的行业有8个，分别是软件、生物技术、媒体和娱乐、消费产品和服务、IT服务、金融服务、工业/能源、医疗机械和设备。其中，软件行业占比40%（图表2-4）。

图表2-3：按投资数量2015年美国股权投资的行业分布及占比（%）

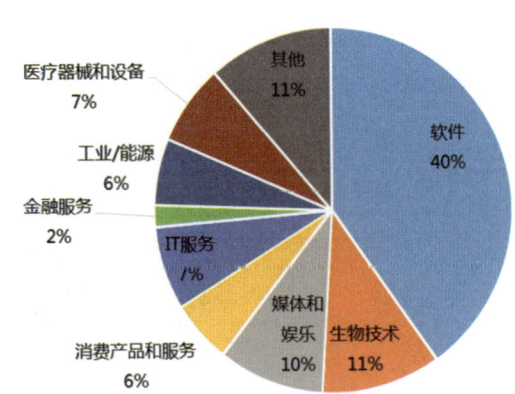

医疗器械和设备 7%
其他 11%
工业/能源 6%
金融服务 2%
IT服务 7%
消费产品和服务 6%
媒体和娱乐 10%
生物技术 11%
软件 40%

资料来源：Money Tree Report，CCRD

春水微澜，静水流深 | 111

图表2-4：按投资金额2015年美国股权投资的行业分布及占比（%）

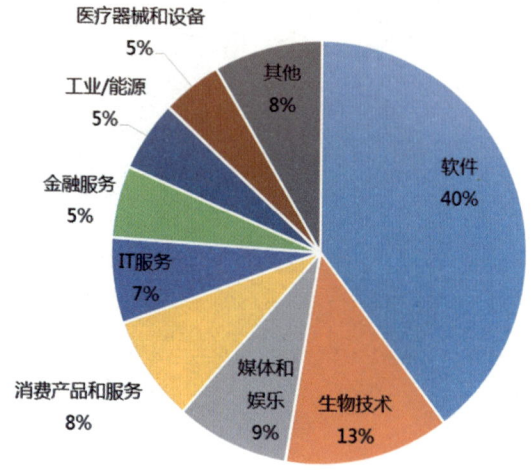

资料来源：Money Tree Report，CCRD

国内股权投资市场的"羊群效应"在天使投资领域更为突出。根据CV source的统计，2015年天使投资市场投资数量占比5%以上的行业有3个，分别是软件和信息技术服务业、批发和零售业和制造业。其中，软件和信息技术服务业的占比高达66%（图表2-5）。金额占比方面，2015年投资金额占比5%以上的行业有4个：软件和信息技术服务业、批发和零售业、制造业、金融业，其中，信息技术服务业占比69%（图表2-6）。

图表2-5：2015年中国天使投资的行业分布（投资数量）

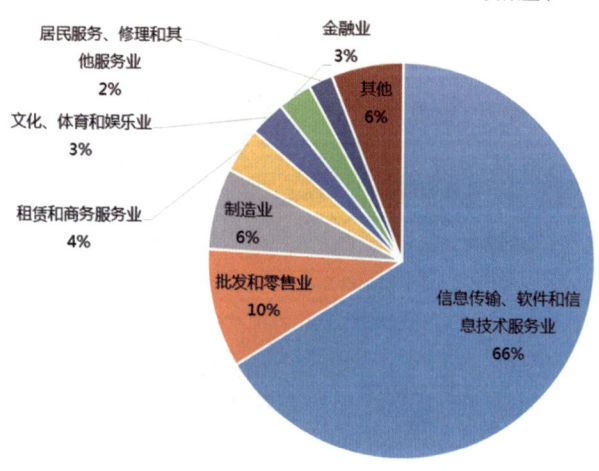

资料来源：CV Source，CCRD

图表 2-6：2015年中国天使投资的行业分布（投资金额）

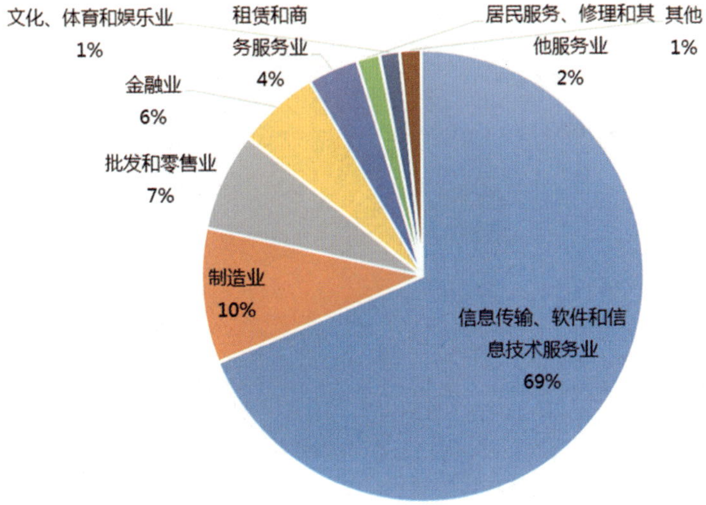

资料来源：CV Source，CCRD

根据 Halo Report 的统计，2015年美国天使投资市场投资数量和投资金额占比5%以上的行业有4个，分别是软件、医疗、商业服务和生物制药。其中，软件行业投资数量占比33.9%，投资金额占比30%（图表2-7、2-8）。

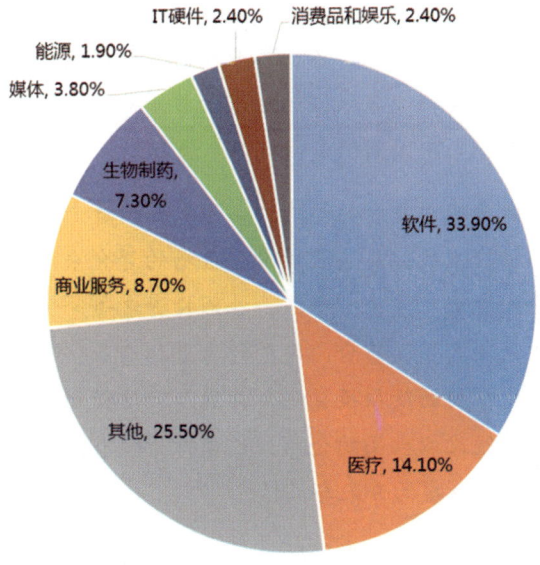

图表 2-7：2015年美国天使投资行业分布（投资数量）

资料来源：Halo Report 2015，CCRD

图表2-8：2015年美国天使投资行业分布（投资金额）

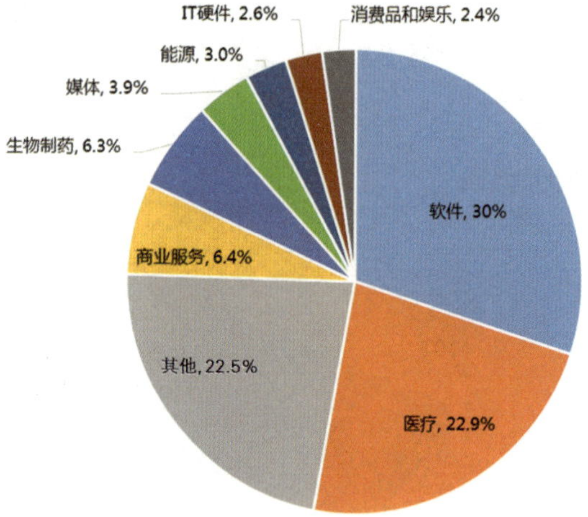

- 软件, 30%
- 医疗, 22.9%
- 其他, 22.5%
- 商业服务, 6.4%
- 生物制药, 6.3%
- 媒体, 3.9%
- 能源, 3.0%
- IT硬件, 2.6%
- 消费品和娱乐, 2.4%

资料来源：Halo Report 2015，CCRD

　　分析国内股权投资市场"羊群效应"突出的产生原因，主要受经济转型、财富再分配、投资专业度等因素影响。

　　首先，改革开放以来中国奉行出口导向型经济增长模式，宏观经济对投资拉动依赖性很强、由此导致社会财富主要集中在房地产、出口制造、贸易等领域。当新经济浪潮来袭，互联网思维充当了未来的财富效应时，不懂但又着急的心态导致投资涌向信息技术和互联网等行业。相比于中国，美国的经济结构和产业分布相对均衡，各行各业保持了持久的创新力，不断涌现的创新型公司和投资机会产生了很强的财富效应。总体而言，美国投资市场依然保持着创新驱动，而中国则仍是由机会市场驱动。

　　其次，财富再分配对投资的影响主要体现在出资者（LP）构成。经过几代人和几十年的跌宕发展，美国股权投资市场的资金来源多样化，包括共同基金、养老基金、企业、学校、个人、外国投资者等等，构成了多样化的资金来源。这个背景决定了，基金的投资行为更加专业化和均配化，更加追求长期效应。反之，中国的股权投资基金特别是天使投资的资金主要来源于个人或由单一股东持股比例较高的企业，投资行为带有明显的个人意愿色彩，投资目的主要为个人财富的分配与循环。

　　第三，受上述因素影响，中国股权投资及决策过程的人为决定性更强。加之中国传统文化偏爱圈子文化、从众心态等，更导致人的决策又受到其朋友圈、关系圈和利益圈的影响，使股权投资市场整体的"羊群效应"突出。

# 以专注实现专业

持续专注于有潜力的单一主题能够使基金管理人获得对相关行业更深刻的理解和更快的响应速度,从而有效的跳出羊群。

如何才能跳出股权投资的"羊群"?

市场给出的答案是:专注于某一主题领域投资。

根据《2015 中国 PE/VC 行业白皮书》数据,2010-2015 年国内产业基金数量(累计)以 82.06% 的年复合增长率实现高速的增长,基金总规模(累计)年复合增长率达 73.33%。2015 年产业基金更是呈现井喷发展态势,全年成立的产业基金达 400 只,是 2014 年的 3 倍。已披露信息的 297 只产业基金总资本规模达 2,132.26 亿美元,是 2014 年的 3.06 倍(图表 3-1)。

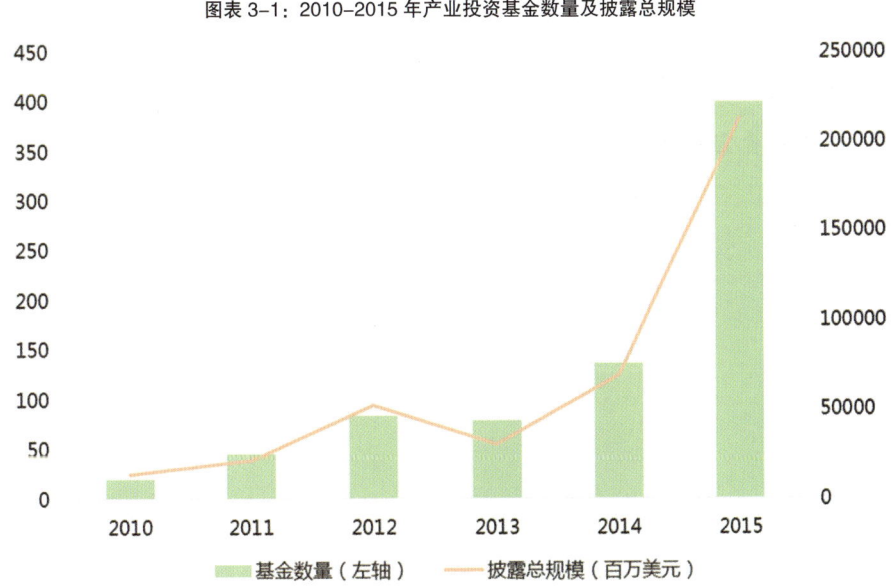

图表 3-1:2010-2015 年产业投资基金数量及披露总规模

资料来源:《2015 中国 PE/VC 行业白皮书》,CCRD

专注于特定目标市场的产业基金具备三方面优势：第一，投资主题集中，市场深耕，资源整合效率较高，能够有效的跳出羊群，避免跟风。第二，对产业或主题的长期关注能够带来更深刻的理解和更快的响应速度，从而可以更早地发现机会和避免风险。第三，所投资企业均围绕单一产业或主题，使得所投企业之间能够产生协同效应，提高整体投资回报，吸引产业内的其他优秀企业加入投资体系。

市场深耕型产业基金的发展受到三方面因素推动：

其一，政府引导。随着国资管理改革、地方投融资机制调整和经济转型压力，地方政府正积极调整区域经济发展思路，由过去的控制地方国企转变为以地方国有资本和财政资金引导并行成立股权投资机构，围绕地方经济发展战略全面投资布局，整合区域内外资源。这种以国资替代国企的模式，被越来越多的地方政府所采用。

其二，大型企业集团引领。经济转型压力之下，大型企业的转型压力更大，机会也更多。以上市公司为代表的中国大型企业集团借助自身的规模优势和资本运作条件，在并购和股权投资领域表现的越来越活跃。

其三，全球化驱动。在愈加开放的世界中，中国企业有着越来越强烈的走出去和海外投资冲动。一方面解决自身在技术、品牌、市场渠道等方面的发展短板。另一方面，通过海外投资化解在国内投资的瓶颈，以此逃离羊群。海外投资需要更加专业的技能和相对专注的目标领域，促成了产业基金的发展。

## 搭建企业集群平台

"天使+孵化器"模式正在将投后管理推向新的高度。投后管理的新高度要求基金投资者在投后通过持续的资源注入和资本整合来帮助企业成长,获取超额回报。

股权投资的投资期限较长且流动性较差,决定一项投资是否成功的关键并不在于企业当前的经营状况,而在于其未来所能到达的高度。因此,除了投前的尽职调查外,差异化的投后管理是获得超额收益的前提。尤其是在当前优质项目越来越稀缺的情况下,投后管理还能成为机构的核心竞争优势。目前,国内私募股权投资的投后管理大多属于"被动型",缺乏系统性的方法论和实践经验来有效帮助企业的成长。

在天使投资领域,以 Y Combinator、Techstars 等为代表的"天使+孵化器"模式正在将投后管理推向新的高度。Y Combinator 针对初创企业经验匮乏的特点,创造了校友机制和导师机制。Y Combinator 在为期三个月的孵化中,通过晚餐及其他各种形式的聚会将初创企业创始人组成校友网络,使得彼此之间的这种接触能够创造持久的联系,共享资源和经验,相互扶持,并将这种关系一直延续到毕业以后。Y Combinator 的导师机制则让创业者获得了与成功的企业家或投资者直接交流的机会,让创业者获得迅速的提升。

图表 4-1:Y Combinator 孵化成功案例

| 名称 | 成立时间 | 简介 |
| --- | --- | --- |
| Reddit | 2005 | 美国知名的社交新闻网站,由用户自主评分新闻,推送至首页 |
| Heroku | 2007 | 支持多种编程语言的云平台,在 2010 年被 Salesforce.com 收购 |
| Dropbox | 2007 | 同步网盘的缔造者,能够在多终端之间实现文件云同步 |
| Airbnb | 2008 | 房屋出租共享经济,2015 年底估值已经超过 250 亿美元 |
| Loopt | 2009 | 位置社交软件,可以有选择性的分享地理信息,拥有 500 万用户 |
| OMGPOP | 2011 | 游戏开发商,曾开发了著名游戏《你画我猜》 |

资料来源:CCRD 根据公开资料整理分析

Y Combinator、Techstars 等"天使+孵化器"模式的成功表明被投企业所需要的并不仅是资金支持，还需要一系列的增值服务。对于初创企业来说，Y Combinator 和 Techstars 所提供的服务正是他们迫切需要的。对于更多的企业来说，产业资源是更为重要的。因此，未来投后管理的发展趋势是在企业进入投资体系以后，通过持续的资源注入和整合，助力企业的成长，从而获取超额的投资回报。

投后管理对私募股权投资基金自身实力提出了要求。作为企业的培育者，私募股权投资基金除了雄厚的资金实力外，还需要在所投资领域拥有丰富的产业资源。在这方面，产业主题投资基金有着天然的优势。通过对单一主题的专注，产业主题投资基金能够有效的将金融资本转化为产业资源，在已投资项目和新进入项目之间形成良性循环，提升整体投资回报。

# 构建生态体系

从构建生态体系的角度出发,通过有效的产业布局来充分发挥被投企业间的协同效应,最大限度利用规模经济和范围经济获取超额回报。

当前,受信息技术革命的影响,越来越多的商业模式表现出规模经济和范围经济的属性。

规模经济是指在一定的技术条件下,企业的平均成本随产量的增加而呈下降趋势,企业的规模越大,企业的经济效益就越高。例如,软件的研发成本很高,而复制成本极低,软件制造行业就是典型的规模经济行业。除了平均成本下降以外,互联网经济还存在着另一种规模经济效应——网络的外部性。网络的外部性是指产品对使用者的效用随着这种产品的消费量的增加而增加,与经济学传统的向下倾斜的需求曲线不同。最常见的具有网络外部性的特征的互联网产品是社交软件,使用者从中获得的效用几乎与使用人数成正比。

范围经济是指同时生产两种以上的产品的生产费用低于分别生产每种产品费用的总和,也就是说企业的产品平均成本随着产品种类的增加而减少。例如,在文化产业中,一个成功的IP往往能以较低的成本扩散到多种产品形态。

图表 5-1:规模经济和范围经济下的企业成本曲线

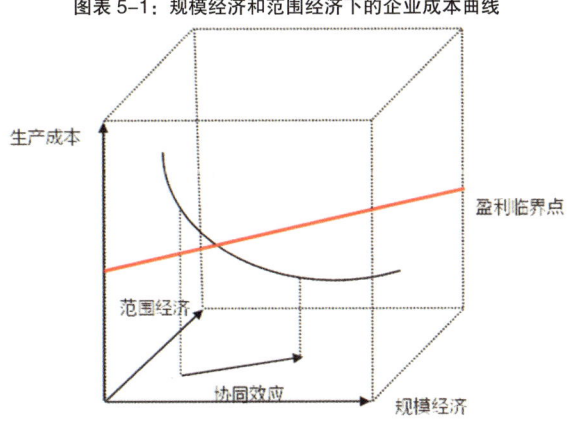

规模经济和范围经济的存在改变了企业的成本曲线和生命周期。在面临向右下方倾斜的成本曲线时(图表5-1)，企业越过盈利临界点才能实现盈利。因此，在没有外部协助的情况下，企业需要经历较长的投入期。而信息技术的发展同时使得企业间的互通和共享正变得越来越容易，1+1>2的现象普遍存在，一个运作良好的生态体系能够通过协同效应实现更大规模和更大范围的成本分担，从而实现整体经营成本的下降，带来超额回报。这是互联网赢者通吃的背后逻辑。

因此，私募股权基金的投资将不再着眼于单个企业，而是从构建生态体系的角度出发，通过有效的产业布局来充分发挥被投企业间的协同效应，最大限度利用规模经济和范围经济获取超额回报。

## 产业融合的推动者

新的产业整合模式超越了传统的财务投资者和战略投资者的范畴，围绕某一特定的有发展潜力的产业主题，寻找符合产业发展趋势的目标企业，后续通过多个金融、产业平台提供企业发展所需的全方位资源，最终聚合目标企业构建生态体系，推动整个产业的发展。

传统的股权基金投资模式包括财务投资和战略投资两种。财务投资者以风险投资基金、私募基金、投资银行等为主，通过向企业注入资金获取一定比例的股权，期望在未来适当的时候退出以获取中短期经济回报。财务投资者注重投资企业直接的、短期或中期的利益，一般不直接参与企业的经营和管理，仅提供资金上的支持。战略投资者以产业投资者和大型企业集团为主，自身具有资金、技术、管理、市场、人才优势，通常与被投资企业联系紧密，在业务上具有合作前景，致力于与被投资企业长期合作，充分发挥双方在业务上的协同效应，不追求短期退出，甚至不退出，谋求长期利益回报和企业可持续发展。

**图表6-1：产业整合投资模式**

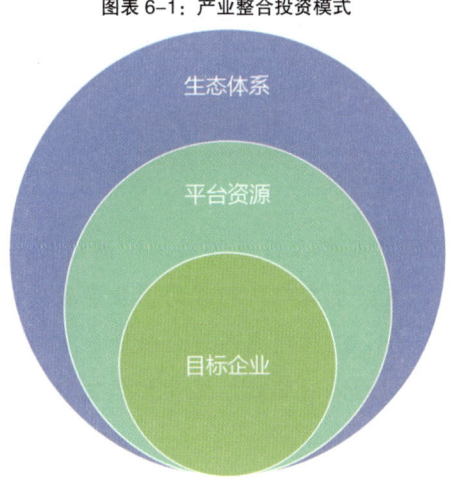

以产业整合模式超越了上述财务投资者和战略投资者的范畴，以产业价值链的管理者和推动者的角色来进行投资。产业整合投资模式围绕某一特定的有发展潜力的产业主题，从产业价值链管理中心的角度，寻找符合产业发展趋势的目标企业，后续通过多个金融、产业平台提供企业发展所需的全方位资源，最终聚合目标企业构建生态体系，推动整个产业的发展。

图表6-2：三种投资模式比较

| 名称 | 目标 | 投资期限 | 典型代表 | 进入门槛 | 投资方式 |
| --- | --- | --- | --- | --- | --- |
| 财务投资模式 | 财务回报 | 中短期 | VC、PE | 资金实力 | 资金支持 |
| 战略投资模式 | 协同效应 | 长期 | 产业基金 | 产业实力 | 资金和业务支持 |
| 产业整合模式 | 产业链发展 | 长期 | 文化中心基金 | 综合实力 | 全方位支持 |

产业整合投资模式分为三步完成：首先，围绕某一具有发展潜力的产业价值链寻找优秀的标的公司，通过资本运作将其纳入生态体系。其次，通过持续的资本注入和资源整合对标的公司进行一系列产业价值链再造，培育出3~5家具有行业领先地位和全球竞争力的平台企业。第三，借助信息技术、产业资源和资本的力量，打通各平台企业，实现平台之间市场和用户的共享，最终聚合所投资内容构建生态体系。

图表6-3：从投资者到行业的整合和推动者

与传统模式相比，产业整合投资模式通过围绕某一特定领域的持续投资积累产业资源，运用金融资本对所积累的产业资源进行整合和再造，最终以生态体系参与市场竞争。这种模式通过金融资本布局产业资源，能够最大限度地发挥所投企业之间的协同效应，提升整个生态体系的价值，获取超额收益。

文化中心智库季刊 | CCRD Quarterly

# 中国文化创意产业景气指数(2016年)

2016年9月
北京文化中心智库 | CCRD

## 因为创新，所以更迭

> 曾经阔气的要复古，正在阔气的要维持现状，未曾阔气的要革新，大抵如此，大抵！
>
> ——鲁迅《小杂感》[33]

在 2010 年，中国内地电影票房首次突破 100 亿元（101.72 亿元），较 2009 年增长 63.9%。冯小刚的《唐山大地震》以 6.73 亿元创造了国产电影最高票房的新纪录。那年，有 17 部国产影片超亿元票房。

那一年，知名财经杂志《环球企业家》封面折页广告的刊例价格为人民币 31.2 万元 / 次。

那一年，张一鸣还没有创建"今日头条"。

只有五年时间，旧人去，新人来。

2015 年，中国内地电影票房总额突破 400 亿元，《捉妖记》以 24.38 亿元的票房收入稳夺桂冠。《港囧》（16.2 亿元）、《寻龙诀》（15.07 亿元）、《夏洛特烦恼》（14.39 亿元）、《煎饼侠》（11.59 亿元）、《澳门风云 2》（9.72 亿元）、《西游记之大圣归来》（9.56 亿元）等七部国产电影跻身票房前十名。

这一年，创刊于 1993 年 7 月的《环球企业家》杂志停刊！

这一年，"今日头条"的用户超过了 5 亿，公司估值已达到了 100 亿美元。

旧人去，新人来。

《环球企业家》停刊主要受以今日头条、微博、微信等新媒体快速发展冲击。表面看这是技术创新的影响，但深刻的原因是社会发展及文化消费行为的改变。文化是精神层面的事物，文化产业是以生产和提供精神产品为主

---

[33] 出自《而已集》，1928 年人民文学出版社出版的鲁迅杂文集。

要活动，满足人们的精神消费需求。在互联网出现之前，文化生产一直呈现出明显的自上而下垂直型等级，有限的文化传播渠道更加剧了文化产业的中心化。因此，传统文化一向认为：只有依靠理性逻辑思考，才能掌握真理。

传媒业的发达和教育的发展增强了人们认知世界的能力。借助数字技术和互联网等各种广泛的传播渠道，知识信息化及信息被高效率地自我复制和自我区分，造成信息化产品在社会中的泛滥和不断重复。人们在碎片文化环境中形成了新的生活思考与价值判断方法，人们不再独立"思考"，但这并不意味着人们真的不再思考了，而是现代人拒绝以传统的理性逻辑思维方式，换之以最适应社会文化高度变化的非确定性思考方式，借鉴公共评议和群体意识来做出思考。

在人类以前所未有的速度向数字化时代转型时，对于任何供给者和创造者而言，已经不是鲁迅笔下的"复古"、"维持现状"和"革新"所能控制的。大抵的状况是，任何人和任何机构都需要充分认知并融入到时代的发展变革之中。不思考创新，不做到创新，大抵要被时代和社会所淘汰。

大抵如此，大抵！

# 研究方法与释义

文化创意产业实践供给侧结构性改革，以创新的方法融入社会转型发展的需求体系之中，这是文化创意产业核心的战略定位。文化创意产业承载了推动社会文明进步，促进人民思想和精神文明发展等责任，在供给端的创新应始终把握促进中华文明和文化发展的主线。

文化创意产业的整体发展是透过各子行业的商业活动实现。要实现上述发展目标，就需要对文化创意产业整体及各子行业发展状况、产业结构、运营状态等有着较为充分、科学、合理的掌握与分析研究。这些工作，有助于各方透视和观察文化创意产业发展动态和市场变革结构，找到中国文化创意产业进步发展的脉络，明晰产业发展规划和市场管理的要点。

基于北京市 2010 年 12 月首次发布的《北京市文化创意产业分类标准》和 2015 年 7 月，北京市质量技术监督局发布的修订版《北京市文化创意产业分类标准》（征求意见稿），在充分研究了文化创意产业特点和发展趋势基础上，北京文化中心智库（CCRD）建立研究框架和模型，编制了"中国文化创意产业指数"（CCRD Cultural and Creative Industry Index，CCCI Index）。

CCCI Index 主要研究文化创意产业及各个子行业的景气情况。CCCI Index 以 100 作为景气中位数来衡量各行业的景气度。若某行业的指数大于 100，则显示该行业处于扩张和增长期，景气度上升；若某行业的指数小于 100，则行业处于收缩和下降期，景气度下降；若行业指数等于 100，则行业维持原状，景气度不变。

在景气指数值的计算上，以 100 作为基数，景气指数值等于 100 加上景气增减值。景气增减值以上一年的指标值作为基数，本年的同一指标值与上一年相比的增长率乘以 100。例如，2015 年文化创作与表演服务行业营业收入景气指数为：

文化创作与表演服务营业收入景气指数

$$= \left( \frac{2015 \text{年文化创作与表演服务营业收入} - 2014 \text{年文化创作与表演服务营业收入}}{2014 \text{年文化创作与表演服务营业收入}} \times 100 + 100 \right)$$

依据本报告所划分的三级指标，CCCI Index 的景气指数分为三层：第三层为 42 个细分行业的景气指数，第二层为 9 个子行业的景气指数，第一层为整个中国文化创意产业景气指数。个别子行业存在更细的第四层指标。第四层指标的计算方法与第三层一致。

CCCI Index 第三层景气指数的计算来自于对基础数据（营业收入/总产值、利润/增加值、从业人数、单位数量）的加权平均，数据来源参见附录数据来源。各指标的权重为营业收入（总产值）30%、利润（增加值）40%、从业人数 20%、单位数量 10%。例如，2015 年文艺创作与表演服务的景气指数为：

文艺创作与表演服务景气指数

$$= \left( \frac{2015 \text{年行业总收入} - 2014 \text{年行业总收入}}{2014 \text{年行业总收入}} \times 100 \times 30\% \right)$$

$$+ \left( \frac{2015 \text{年行业总利润} - 2014 \text{年行业总利润}}{2014 \text{年行业总利润}} \times 100 \times 40\% \right)$$

$$+ \left( \frac{2015 \text{年从业人员数} - 2014 \text{年从业人员数}}{2014 \text{年从业人员数}} \times 100 \times 20\% \right)$$

$$+ \left( \frac{2015 \text{年行业机构数} - 2014 \text{年行业机构数}}{2014 \text{年行业机构数}} \times 100 \times 10\% \right)$$

第二层景气指数为各细分行业景气指数依据营业收入的加权平均值。例如，文化艺术服务的景气指数为：

文化艺术服务景气指数

$$= \left( \frac{\text{文艺创作与表演服务总收入}}{\text{文化艺术服务行业总收入}} \times \text{文艺创作与表演服务景气指数} \right)$$

$$+ \left( \frac{\text{图书馆与档案服务总收入}}{\text{文化艺术服务行业总收入}} \times \text{图书馆与档案服务景气指数} \right)$$

$$+ \left( \frac{\text{文化遗产保护服务总收入}}{\text{文化艺术服务行业总收入}} \times \text{文化遗产保护服务景气指数} \right)$$

$$+ \left( \frac{\text{群众文化服务总收入}}{\text{文化艺术服务行业总收入}} \times \text{群众文化服务景气指数} \right)$$

第一层景气指数为各子行业景气指数依据营业收入的加权平均值。

中国文化创意产业景气指数

$$= \left( \frac{\text{文化艺术服务总收入}}{\text{中国文化创意产业总收入}} \times \text{文化艺术服务景气指数} \right)$$

$$+ \left( \frac{\text{新闻出版发行服务总收入}}{\text{中国文化创意产业总收入}} \times \text{新闻出版发行服务景气指数} \right)$$

$$+ \left( \frac{\text{广播电视电影服务总收入}}{\text{中国文化创意产业总收入}} \times \text{广播电视电影服务景气指数} \right)$$

$$+ \left( \frac{\text{软件和信息技术服务服务总收入}}{\text{中国文化创意产业总收入}} \times \text{软件和信息技术服务景气指数} \right)$$

$$+ \left( \frac{\text{广告和会展服务总收入}}{\text{中国文化创意产业总收入}} \times \text{广告和会展服务景气指数} \right)$$

$$+ \left( \frac{\text{工艺美术品生产与销售服务总收入}}{\text{中国文化创意产业总收入}} \times \text{工艺美术品生产与销售服务景气指数} \right)$$

$$+ \left( \frac{\text{设计服务总收入}}{\text{中国文化创意产业总收入}} \times \text{设计服务景气指数} \right)$$

$$+ \left( \frac{\text{文化休闲娱乐服务总收入}}{\text{中国文化创意产业总收入}} \times \text{文化休闲娱乐服务景气指数} \right)$$

$$+ \left( \frac{\text{文化用品设备生产销售及其他辅助服务总收入}}{\text{中国文化创意产业总收入}} \right.$$
$$\left. \times \text{文化用品设备生产销售及其他辅助服务景气指数} \right)$$

CCCI Index 对文化创意产业的划分如下：

| 序号 | 指标名称 | 序号 | 指标名称 |
| --- | --- | --- | --- |
| 1 | 文化艺术服务 | 6 | 工艺美术品生产与销售服务 |
| 1.1 | 文艺创作与表演服务 | 6.1 | 雕塑工艺品 |
| 1.2 | 图书馆与档案服务 | 6.2 | 金属工艺品 |
| 1.3 | 文化遗产保护服务 | 6.3 | 漆器工艺品 |
| 1.4 | 群众文化服务 | 6.4 | 花画工艺品 |
|  |  | 6.5 | 天然植物纤维编织工艺品 |
| 2 | 新闻出版发行服务 | 6.6 | 抽纱刺绣工艺品 |
| 2.1 | 图书 | 6.7 | 地毯、挂毯制造 |
| 2.2 | 期刊 | 6.8 | 珠宝首饰及有关物品制造 |
| 2.3 | 报纸 | 6.9 | 其他工艺美术品制造 |
| 2.4 | 音像制品 |  |  |
| 2.5 | 电子出版物 | 7 | 设计服务 |

(续表)

| 序号 | 指标名称 | 序号 | 指标名称 |
|---|---|---|---|
| 2.6 | 出版物发行服务 | 7.1 | 建筑设计服务 |
|  |  | 7.2 | 专业化设计服务 |
| 3 | 广播电视电影服务 | 7.3 | 集成电路设计 |
| 3.1 | 广播 |  |  |
| 3.2 | 电视 | 8 | 文化休闲娱乐服务 |
| 3.3 | 电影 | 8.1 | 旅游服务 |
| 3.4 | 视听新媒体 | 8.2 | 休闲娱乐服务 |
| 3.5 | 传输服务 | 8.2.1 | 网吧 |
|  |  | 8.2.2 | 娱乐场所 |
| 4 | 软件和信息技术服务 | 8.3 | 摄影扩印服务 |
| 4.1 | 软件开发 |  |  |
| 4.2 | 数字内容 | 9 | 文化用品设备生产销售及其他辅助服务 |
| 4.3 | 增值电信服务 | 9.1 | 文化用品 |
| 4.4 | 互联网接入及相关服务 | 9.1.1 | 文教用品 |
| 4.5 | 互联网信息服务 | 9.1.2 | 体育用品 |
| 4.6 | 信息技术服务 | 9.1.3 | 乐器 |
|  |  | 9.1.4 | 玩具 |
| 5 | 广告和会展服务 | 9.1.5 | 游艺器材 |
| 5.1 | 广告服务 | 9.2 | 文化设备 |
| 5.2 | 会展服务 | 9.3 | 印刷复制服务 |

# 2015 年中国文化创意产业景气指数

| 序号 | | 2010 | 2011 | 2012 | 2013 | 2014 | 2015 |
|---|---|---|---|---|---|---|---|
| 0 | 中国文化创意产业景气指数 | 128.8 | 124.2 | 125.3 | 122.5 | 120.7 | 114.0 |
| 1 | 文化艺术服务 | 109.0 | 112.9 | 114.4 | 116.8 | 104.5 | 109.0 |
| 1.1 | 文艺创作与表演服务 | 107.4 | 113.8 | 118.4 | 125.3 | 90.9 | 111.9 |
| 1.2 | 图书馆与档案服务 | 102.0 | 112.2 | 116.2 | 116.3 | 109.7 | 110.4 |
| 1.3 | 文化遗产保护服务 | 112.2 | 109.1 | 114.0 | 114.7 | 110.6 | 105.3 |
| 1.4 | 群众文化服务 | 114.8 | 117.3 | 105.9 | 103.4 | 113.1 | 108.8 |
| 2 | 新闻出版发行服务 | 110.7 | 103.7 | 107.4 | 105.3 | 104.7 | 97.8 |
| 2.1 | 图书 | 106.1 | 118.8 | 114.1 | 104.3 | 99.6 | 104.5 |
| 2.2 | 期刊 | 125.9 | 114.4 | 114.6 | 106.1 | 94.9 | 95.6 |
| 2.3 | 报纸 | 126.4 | 102.8 | 102.1 | 92.0 | 90.1 | 69.0 |
| 2.4 | 音像制品 | 105.4 | 118.0 | 110.0 | 96.3 | 111.1 | 92.3 |
| 2.5 | 电子出版物 | 144.1 | 106.5 | 155.4 | 122.1 | 84.7 | 106.3 |
| 2.6 | 出版物发行服务 | 104.6 | 98.4 | 106.4 | 109.4 | 110.1 | 101.8 |
| 3 | 广播电视电影服务 | 123.8 | 118.6 | 119.1 | 115.6 | 114.0 | 107.8 |
| 3.1 | 广播 | 123.2 | 120.9 | 115.4 | 108.5 | 113.7 | 101.7 |
| 3.2 | 电视 | 121.1 | 117.7 | 116.1 | 110.6 | 106.4 | 94.4 |
| 3.3 | 电影 | 163.9 | 128.9 | 130.2 | 127.5 | 136.2 | 148.7 |
| 3.4 | 视听新媒体 | | | 142.3 | 146.9 | 133.0 | 127.9 |
| 3.5 | 传输服务 | 116.4 | 115.7 | 117.2 | 114.2 | 109.6 | |
| 4 | 软件和信息技术服务 | 136.8 | 141.2 | 137.4 | 129.0 | 127.6 | 122.6 |
| 4.1 | 软件开发 | 128.0 | 146.3 | 131.4 | 122.1 | 123.5 | 111.9 |
| 4.2 | 数字内容 | 135.5 | 125.4 | 141.4 | 131.2 | 133.3 | 127.9 |
| 4.3 | 增值电信服务 | 141.6 | 148.2 | 138.4 | 132.1 | 127.5 | |
| 4.4 | 互联网接入及相关服务 | | 136.8 | 140.3 | 139.3 | 131.7 | 130.0 |
| 4.5 | 互联网信息服务 | 199.4 | 136.0 | 152.3 | 157.5 | 144.5 | 147.3 |
| 4.6 | 信息技术服务 | 142.7 | 140.6 | 136.0 | 120.5 | 121.3 | 113.5 |
| 5 | 广告和会展服务 | 122.7 | 120.9 | 127.3 | 108.8 | 109.0 | 109.8 |
| 5.1 | 广告服务 | 112.2 | 127.6 | 146.0 | 110.9 | 109.3 | 108.5 |

（续表）

| 序号 | | 2010 | 2011 | 2012 | 2013 | 2014 | 2015 |
|---|---|---|---|---|---|---|---|
| 5.2 | 会展服务 | 131.3 | 115.8 | 110.7 | 106.2 | 108.8 | 111.4 |
| 6 | 工艺美术品生产与销售服务 | 138.2 | 148.5 | 123.1 | 124.3 | 128.4 | 104.5 |
| 6.1 | 雕塑工艺品 | 134.4 | 153.4 | 128.1 | 147.6 | 124.1 | 111.7 |
| 6.2 | 金属工艺品 | 160.6 | 129.0 | 124.3 | 122.8 | 116.5 | 119.5 |
| 6.3 | 漆器工艺品 | 186.4 | 126.7 | 139.5 | 127.7 | 122.8 | 112.8 |
| 6.4 | 花画工艺品 | 134.9 | 155.2 | 98.7 | 126.7 | 119.6 | 94.7 |
| 6.5 | 天然植物纤维编织工艺品 | 119.7 | 120.3 | 133.4 | 139.4 | 117.6 | 110.4 |
| 6.6 | 抽纱刺绣工艺品 | 122.3 | 102.3 | 140.1 | 142.9 | 149.2 | 103.3 |
| 6.7 | 地毯、挂毯制造 | 135.7 | 121.3 | 123.9 | 137.3 | 113.6 | 99.1 |
| 6.8 | 珠宝首饰及有关物品制造 | 144.4 | 166.7 | 122.9 | 109.3 | 129.2 | 94.1 |
| 6.9 | 其他工艺美术品制造 | 131.7 | 150.9 | 108.8 | 127.0 | 134.0 | 116.2 |
| 7 | 设计服务 | 126.6 | 95.5 | 126.6 | 155.7 | 105.8 | 90.9 |
| 7.1 | 建筑设计服务 | 130.1 | 114.1 | 134.7 | 173.9 | 107.1 | 80.0 |
| 7.2 | 专业化设计服务 | | | 121.3 | 111.8 | 81.8 | |
| 7.3 | 集成电路设计 | 117.4 | 122.3 | 109.1 | 115.0 | 114.8 | 113.3 |
| 8 | 文化休闲娱乐服务 | 121.7 | 102.3 | 111.3 | 106.3 | 109.4 | 110.4 |
| 8.1 | 旅游服务 | 123.3 | 101.0 | 113.2 | 103.8 | 110.0 | 112.0 |
| 8.2 | 休闲娱乐服务 | 108.9 | 110.0 | 98.7 | 116.9 | 123.7 | 103.3 |
| 8.2.1 | 娱乐场所 | 120.6 | 115.7 | 104.5 | 129.2 | 120.9 | 128.7 |
| 8.2.2 | 网吧 | 97.2 | 104.3 | 92.9 | 104.6 | 126.6 | 77.9 |
| 8.3 | 摄影扩印服务 | | | | 107.6 | 98.7 | |
| 9 | 文化用品设备生产销售及其他辅助服务 | 130.4 | 104.3 | 109.1 | 120.0 | 122.3 | 108.6 |
| 9.1 | 文化用品 | 137.6 | 106.3 | 108.1 | 122.1 | 121.8 | 114.2 |
| 9.1.1 | 文教用品 | 138.8 | 96.9 | 121.4 | 123.5 | 115.8 | 112.6 |
| 9.1.2 | 体育用品 | 142.7 | 107.4 | 116.3 | 106.7 | 119.8 | 115.3 |
| 9.1.3 | 乐器 | 141.1 | 106.3 | 107.7 | 113.0 | 121.9 | 123.8 |
| 9.1.4 | 玩具 | 130.7 | 108.4 | 94.3 | 127.2 | 117.9 | 110.0 |
| 9.1.5 | 游艺器材 | 163.7 | 111.1 | 123.8 | 161.3 | 161.2 | 124.3 |
| 9.2 | 文化设备 | 128.1 | 92.8 | 98.5 | 107.0 | 117.4 | 94.7 |
| 9.3 | 印刷复制服务 | 124.9 | 108.0 | 114.4 | 122.9 | 124.1 | 107.9 |

# 中国文化创意产业：2010-2015

回望过去五年中国文化创意产业发展，我们的直观感受或许是热闹非凡，市场欣欣向荣。然而，景气指数却反映出一个缓慢走低的状况。理想与现实之间的差距，是创新者与守旧者之间的换位。

2010-2015年间，中国文化创意产业的消费端总体呈现高速增长的发展态势，行业景气指数始终维持在110以上的高位。其中，2010年景气度最高，景气指数达到128.8。此后，除2012年小幅反弹外，景气度逐年走低，2015年景气指数创五年新低达114.0（图表2-1）。

图表2-1：中国文化创意产业景气指数（2010-2015）

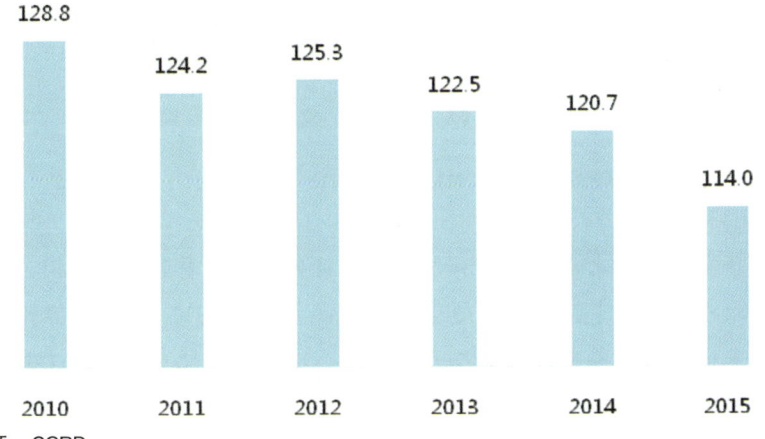

资料来源：CCRD

从宏观角度看，文化创意产业景气度下降与中国经济整体下行相关。现在，中国经济和社会发展步入新常态。从2010年开始，中国GDP增速逐年下滑，2015年增速为6.9%创25年来新低。然而从细分市场分析看，文化创意产业景气指数下降的主要原因在于产业内部结构调整，新兴市场与传统市场的交替更迭。

从子行业来看，软件和信息技术服务行业在过去五年保持较高景气度，

2015年景气指数度为122.6。设计服务行业波动较大，2013年景气指数为155.7，而2015年降到90.9。新闻出版发行行业在过去五年的发展状况最为堪忧，2015年跌至荣枯线下方，景气指数为97.8（图表2-2）。这种状况，比照"今日头条"的快速崛起和《环球企业家》的停刊，CCRD为创新者点赞。

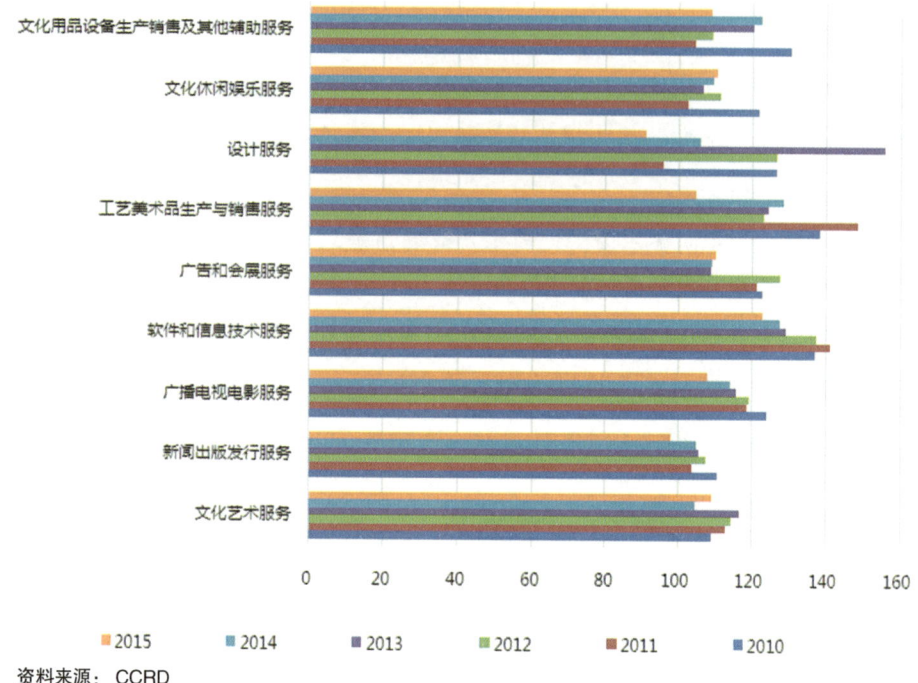

图表2-2：中国文化创意产业景气指数（2010-2015）

资料来源：CCRD

从子行业权重来看，软件和信息技术服务所占权重最大，且因为景气度较高，权重占比处于持续上升趋势，2015年占比为48%。文化用品设备生产销售和其他辅助服务为占比第二大子行业，2015年占比为12%。工艺美术品生产销售服务、广告和会展服务、文化休闲娱乐服务、设计服务等占比相近，2015年为9%。广播电视电影服务、新闻出版发行服务、文化艺术服务所占比重较小（图表2-3）。

图表 2-3：文化创意产业子行业景气度权重（2015）

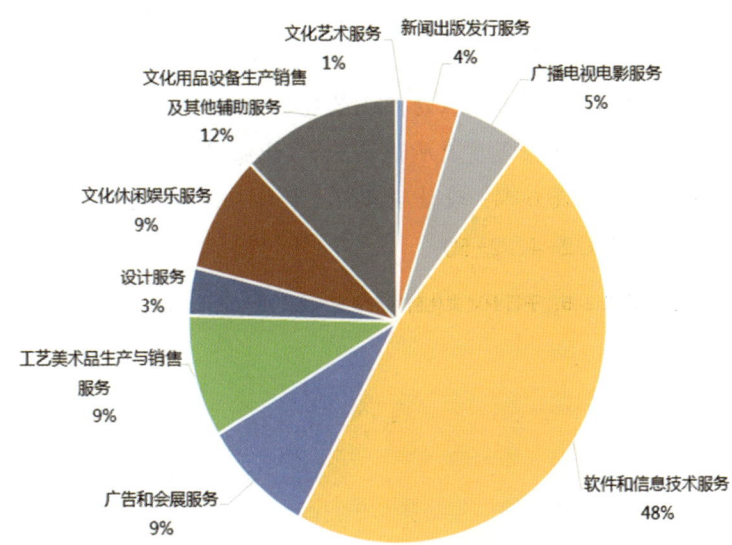

资料来源：CCRD

图表 2-4：子行业对文化创意产业景气度的贡献率（2010-2015）

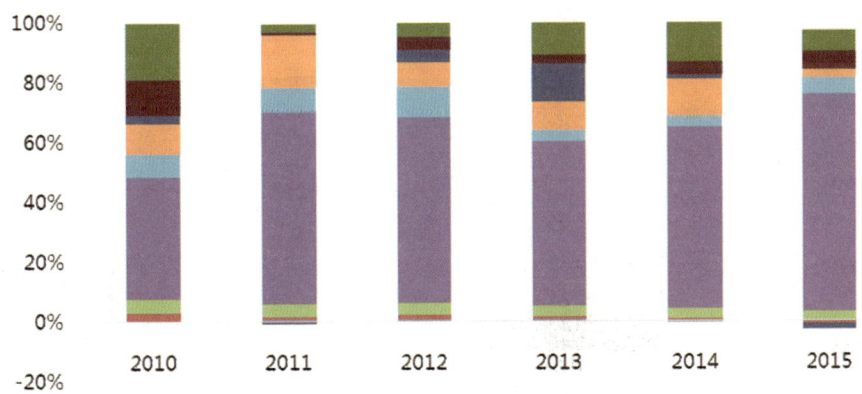

资料来源：CCRD

从各子行业对文化创意产业景气指数的贡献率看，软件和信息技术服务行业的贡献率最大，且呈逐年上升态势，2015年贡献率为72%，拉动文化创意产业景气指数上升10.77%。其次是文化用品设备生产销售及其他辅助服务，2015年贡献率为7%，拉动产业景气指数上升1.06%。第三位是文化休闲娱乐服务，2015年贡献率为6%，拉动产业景气上升0.89%。2015年，部分子行业对文化创意产业整体景气度有所拖累，新闻出版发行行业的贡献率为-1%，拖累产业景气度下降0.09%，设计服务行业的贡献率为-2%，拖累产业景气度下降0.32%（图表2-4、2-5）。

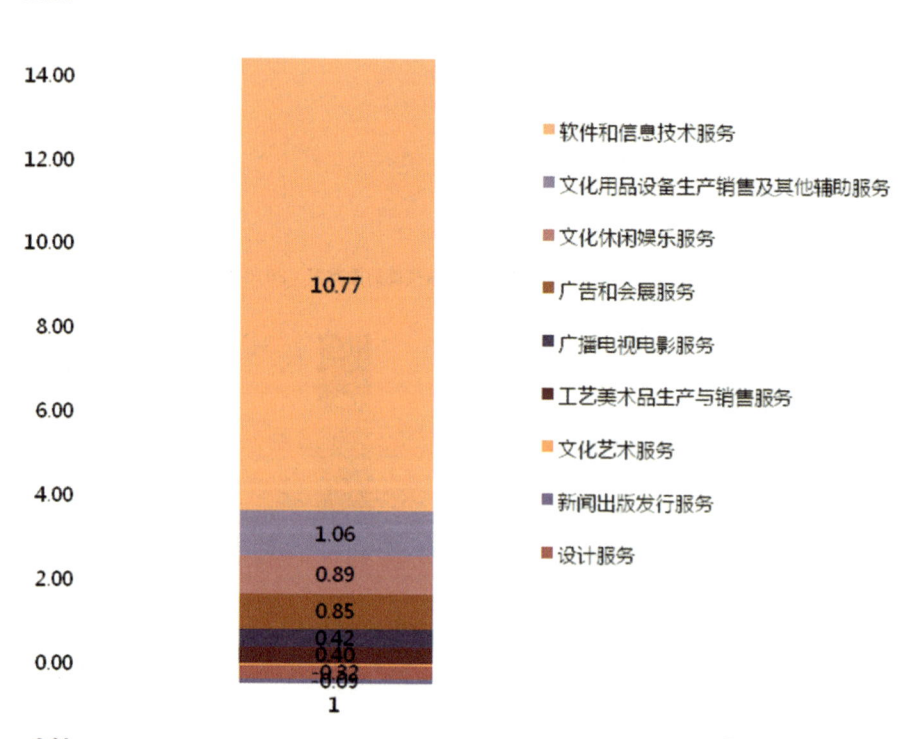

图表2-5：子行业对文化创意产业景气度的拉动（2015）（%）

资料来源：CCRD

# 主要子行业景气状况

## 文化艺术服务

文化艺术服务景气度始终落后于整体，其景气周期也与行业整体有所不同。2010-2013 年，文化艺术服务的景气度持续上升，但 2014 年大幅下降，2015 年有所反弹（图表 3-1-1）。

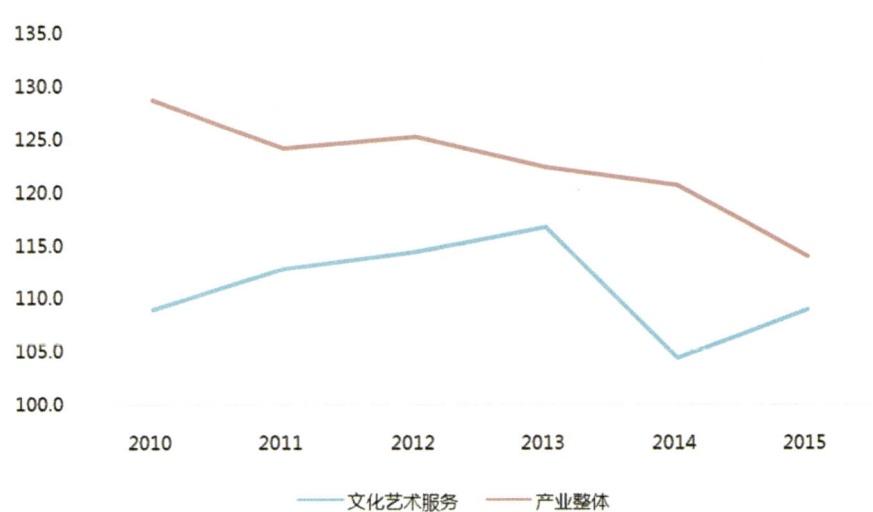

图表 3-1-1：文化艺术服务景气周期与文化创意产业整体比较（2010-2015）

资料来源：CCRD

文化艺术行业包括文艺创作与表演服务、图书馆与档案服务、文化遗产保护服务、群众文化服务等四个子行业。文艺创作与表演服务占比最大，比重呈逐年下降的趋势，2015 年占比为 31.72%。文化遗产保护服务占比第二，比重逐年上升，2015 年占比 30.63%。图书馆与档案服务占比呈小幅上升趋势，2015 年占比 19.5%。群众文化服务占比最小，比重上下小幅波动，2015 年占比 18.15%（图表 3-1-2）。

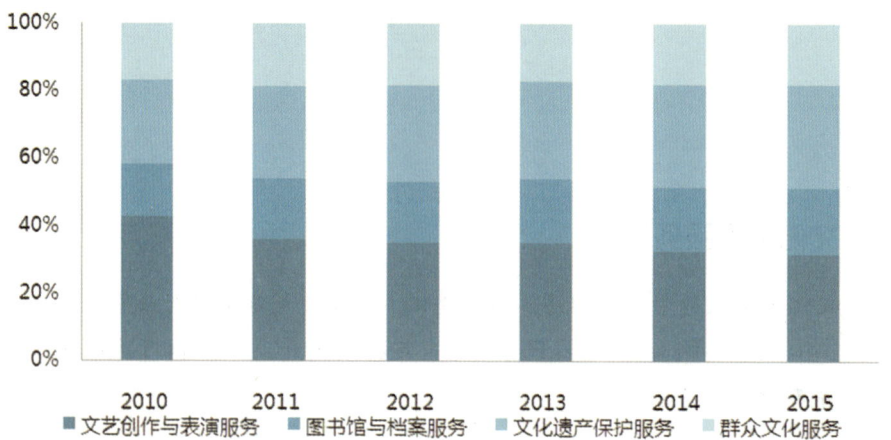

图表 3-1-2：文化艺术服务子行业景气指数权重（2010-2015）

资料来源：CCRD

文化艺术各个子行业的景气度较为一致。其中，文艺创作与表演服务波动最大，2014 年景气指数仅为 90.9，位于荣枯线下方，极大地拖累了整个行业的景气度。2014 年，全国艺术表演团体总收入较上年下降 19.1%，演出收入下降 7.8%，是造成整个行业景气度下降的主要原因（图表 3-1-3）。

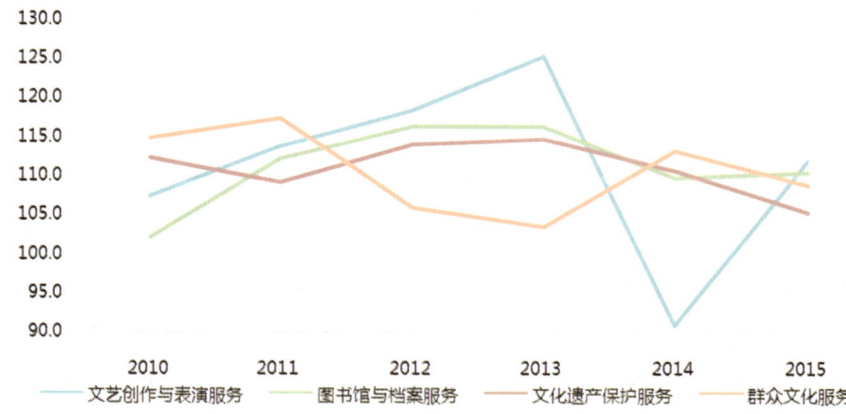

图表 3-1-3：文化艺术服务子行业景气度（2010-2015）

资料来源：CCRD

从子行业对文化艺术服务行业景气度的拉动来看，文艺创作的影响最大，2013 年拉动行业景气指数上升 8.8 个百分点，2014 年拖累景气指数下降 3.0 个百分点，2015 年拉动景气指数上升 3.8 个百分点（图表 3-1-4）。

图表 3-1-4：子行业对文化艺术服务景气度的拉动（2010-2015）

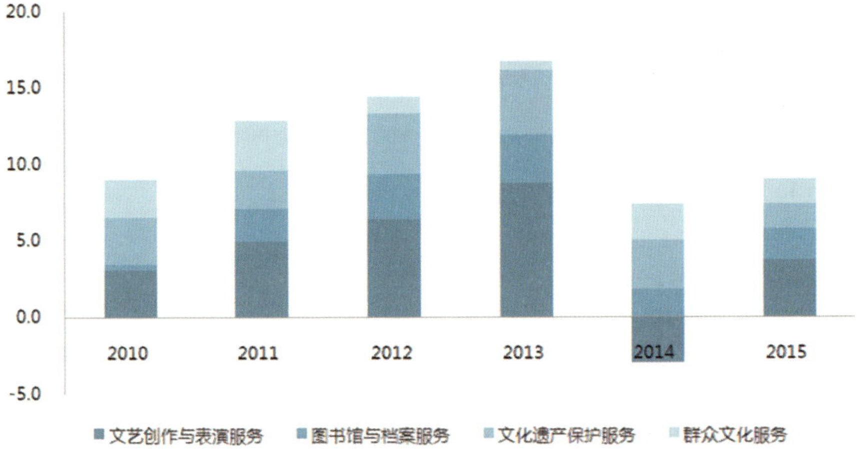

资料来源：CCRD

【探讨】以高品质和互联网寻找突破口　中国演出市场的阵痛与转型

受益于居民消费能力的增强和消费水平的升级，演出市场本应稳步发展，但景气指数显示，文艺创作与表演服务在 2014 年景气指数仅为 90.9。中国演出行业协会的数据显示，2014 年旅游演出市场呈较大幅度下降趋势，是演出市场整体下滑的主要原因。2014 年，旅游演出场次 6.02 万场，票房收入 38.37 亿元，均比 2013 年下降 35% 以上。旅游演出市场的这一表现与我国休闲度假旅游产业大发展的行业背景背道而驰。是什么因素造成了演出市场的反常表现？

中国的演出市场经过近十年的飞速发展，存在着大量的市场泡沫。在市场繁荣时期，地方政府和旅游景区为追求短期市场效应，盲目投入大量低质量的演出。这些演出依靠于旅行社的捆绑、地方政府的购买、企业团体的赞助而生存，并获得不菲的利润。2013 年年初，中央出台了八项规定；8 月，中央五部委联合发出了《关于制止豪华铺张、提倡节俭办晚会的通知》，某些以承接党政机关、国有企业项目为主要业务的国有演出院团经营情况呈现惨淡态势。2013 年 10 月，新旅游法出台，许多以团客为主的低质量旅游演出市场陷入经营困境。2014 年的大幅调整正是市场"挤泡沫"的过程，一些抄袭模仿、机械化生产、快餐式消费的低俗演出将被调整出局。

在我国的文艺市场上，还"存在着有数量缺质量、有'高原'缺'高峰'的现象"，"思想精深、艺术精湛、制作精良"[1]的高品质演出仍是稀缺产品。即使在市场大幅下跌的 2014 年，以宋城演艺、印象系列为代表的高品质品牌项目仍然逆市增长。根据年报数据，宋城演艺 2014 年营业收入增长 37.78%，利润总额增长 17.43%；2015 年，营业收入进一步增长 81.21%，利润总额增长 67.91%。未来，我国的演出市场包括旅游演出市场依然拥有极大的市场潜力，经过两年的市场调整，一些高品质的演出内容将进一步脱颖而出，带动整个演出市场的复苏。

在我国演出市场整体进入调整时，互联网演艺市场却异军突起，成为了当前演出市场的突出亮点。中国演出行业协会的数据显示，2015 年中国互联网演艺市场规模近 80 亿元，同比增长 48%。秀场类直播是网络演出的主要形式，网络演出直播在经济收入、用户人数、影响力等方面都呈现极高的增长趋势。2015 年，宋城演艺 26 亿元收购六间房 100% 股权，传统演艺集团开始拥抱互联网。

当前，互联网的元素已经从各方面与文艺演出深度融合。互联网元素对传统演出的升级改造体现在以下几个方面：第一，互联网能够突破传统演出场馆地理位置和座位数量的限制，以低成本将更广泛的受众纳入演出的受众范围。2015 年，演唱会在线直播全面常态化。乐视音乐 2015 年直播场次达 365 场，吸引超过 2 亿用户观看；腾讯视频 LiveMusic2015 年直播场次达 55 场，实现 12 亿次的总播放量，在线观看人数达 5500 万。第二，互联网通过大数据和深度学习，能够更细致的了解观众的喜好，将演出的生产过程从 B2C 的工业化制造向 C2B 的个性化消费升级。同时，互联网的低成本聚合效应，能够突破物理空间的限制，将原来不能实现的长尾需求变为现实。许多互联网企业开始依托自身优势以 C2B 形式进行线下布局，腾讯开始试水专属定制演唱会。2015 年 8 月 31 日，一场腾讯视频 LiveMusic 专属定制的少女时代演唱会在韩国首尔儿童大公园 WaPop Hall 举行。第三，互联网付费直播的兴起为传统演出市场开辟了新的盈利空间。2015 年，上海草莓音乐节成为国内首个付费直播音乐节，直播票房达 300 万元。

经过 2015 年的飞速发展，互联网元素正从演艺市场的"实验区"走向"必选项"。在互联网的带动下，我国的演出市场将更快的结束调整，迎来春天。

注 1：引自 2014 年习近平在中央文艺工作座谈会上的讲话

## 新闻出版发行服务

过去五年，新闻出版发行服务行业的景气指数落后于文化创意产业整体。2010 年景气度最高，2011 年出现明显下降，2012-2014 年有所企稳，2015 年再度下降，景气指数为 97.8，降至荣枯平衡线下方（图表 3-2-1）。

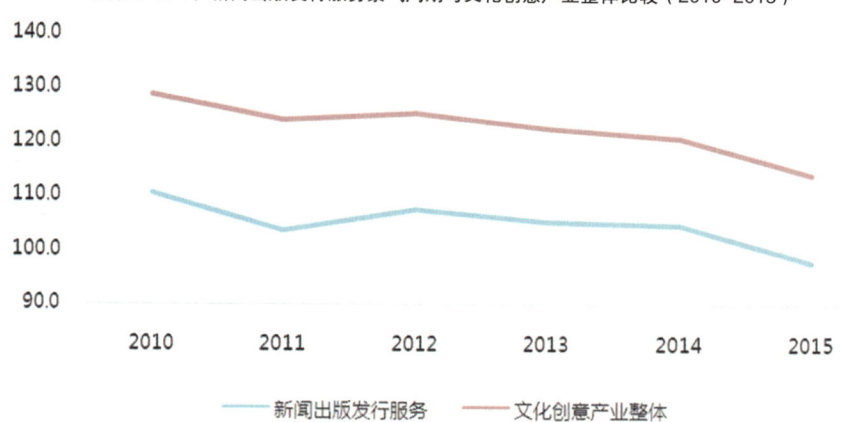

图表 3-2-1：新闻出版发行服务景气周期与文化创意产业整体比较（2010-2015）

资料来源：CCRD

新闻出版发行服务包括六个子行业：出版物发行、图书、期刊、报纸、音像制品和电子出版物。其中，出版物发行服务占比最大，且比重逐年上升，2015 年比重为 65.7%。图书占比第二，比重小幅波动，2015 年比重为 16.7%。报纸占比第三，比重逐年下降，2015 年比重为 12.7%。音像制品和电子出版物所占比重很小，不足 1%（图表 3-2-2）。

各子行业景气指数看，出版物发行 2010 年景气度最高，在 2011 年跌至荣枯线下方，其后有所恢复，2015 年景气度再次下行至 101.8。图书行业在 2010-2012 年景气度持续走高，2014 年跌至荣枯线下方，2015 年恢复至 104.5。期刊行业的景气度持续走低，2014 年之后跌至荣枯线下方。报纸行业景气度持续走低，从 2013 年开始跌至荣枯线下方。2015 年，报纸行业形势十分严峻，景气度指数跌至 69，在整个文化创意子行业中排名垫底（图表 3-2-3）。

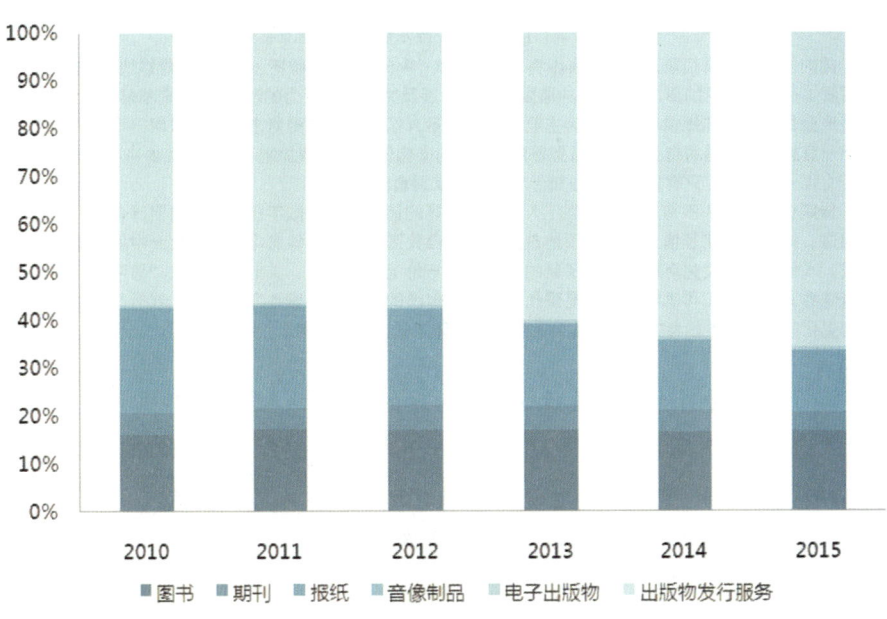

图表 3-2-2：新闻出版发行服务子行业权重（2010-2015）

资料来源：CCRD

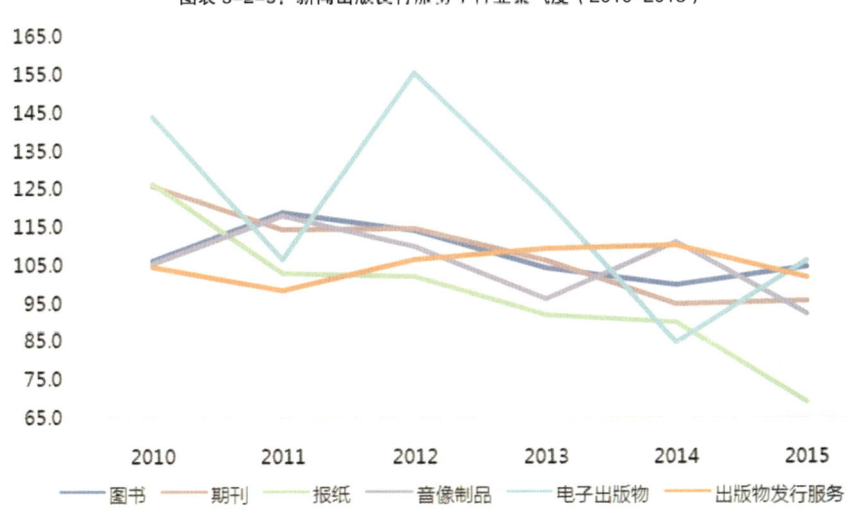

图表 3-2-3：新闻出版发行服务子行业景气度（2010-2015）

资料来源：CCRD

根据文化部《2015年新闻出版统计报告》报纸出版总印数、总印张数分别降低7.3%和19.1%，营业收入、利润总额分别降低10.3%和53.2%；43家报业集团主营业务收入与利润总额分别降低6.9%与45.1%，其中31家报业集团营业利润出现亏损，较2014年增加14家。

【探讨】报纸行业的困境：技术创新与社会发展变革

国内报纸行业已经陷入长期发展困境，主要受以"今日头条"、微博、微信等新媒体快速发展冲击。表面看这是技术创新的影响，但深刻的原因是社会发展及文化消费行为的改变。文化是精神层面的事物，文化产业是以生产和提供精神产品为主要活动，满足人们的精神消费需求。在互联网出现之前，文化生产一直呈现出明显的自上而下垂直型等级，有限的文化传播渠道更加剧了文化产业的中心化。因此，传统文化一向认为：只有依靠理性逻辑思考，才能掌握真理。

传媒业的发达和教育的发展增强了人们认知世界的能力。借助数字技术和互联网等各种广泛的传播渠道，知识信息化及信息被高效率地自我复制和自我区分，造成信息化产品在社会中的泛滥和不断重复。人们在碎片文化环境中形成了新的生活思考与价值判断方法，人们不再独立"思考"，但这并不意味着人们真的不再思考了，而是现代人拒绝以传统的理性逻辑思维方式，换之以最适应社会文化高度变化的非确定性思考方式，借鉴公共评议和群体意识来做出思考。

各子行业对新闻出版发行行业景气度的拉动上，出版发行服务的平均影响最大，2013年拉动行业景气度指数5.64%，2014年拉动6.42%，2015年拉动1.18%。近三年来，报纸行业对新闻出版发行行业的拖累最大，2013年拖累行业景气度指数下降1.38%，2014年拖累1.45%，2015年拖累3.94%（图表3-2-4）。

图表3-2-4：子行业对新闻出版发行服务业景气度的拉动（2010-2015）

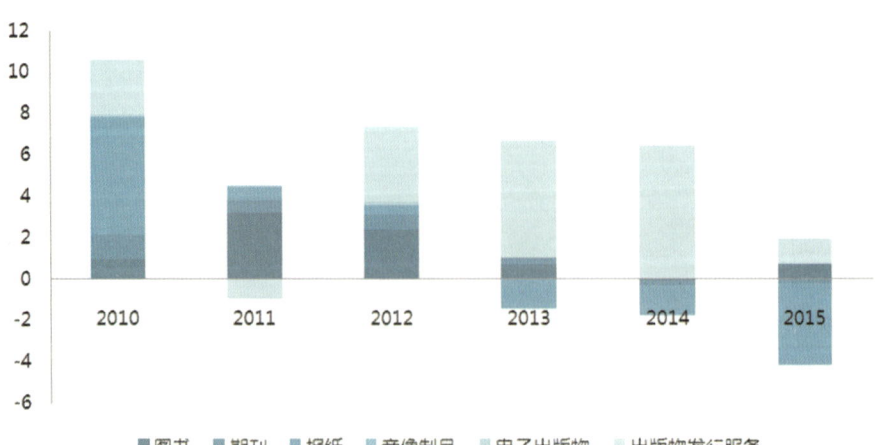

资料来源：CCRD

## 广播电视电影服务

2010-2015 年广播电影电视服务行业的景气指数落后于文化创意产业整体，其景气周期与行业整体基本一致，2010-2015 年呈现出持续下滑的趋势。传统服务模式和介质快速被网络服务形态所取代是广播电视电影服务景气度下滑的原因（图表 3-3-1）。

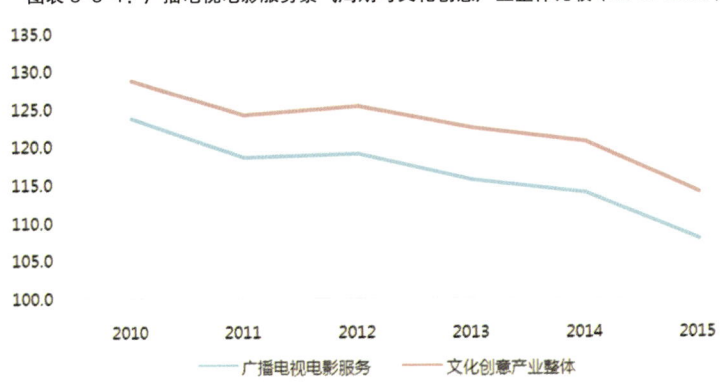

图表 3-3-1：广播电视电影服务景气周期与文化创意产业整体比较（2010-2015）

资料来源：CCRD

广播电视电影服务行业包括广播、电视、电影、视听新媒体、传输服务五个子行业。其中，电视行业占比最大，比重呈逐年下降的趋势，2015 年占比为 50.1%。传输服务占比第二，比重较为稳定，2015 年占比 20.7%。电影行业占比第三，比重呈逐年上升的趋势，2015 年占比为 13.3%。广播和视听新媒体占比较小。广播比重缓慢下降，2015 年占比 7.2%。视听新媒体近年来发展迅速，比重上升很快，2015 年占比已达 8.7%（图表 3-3-2）。

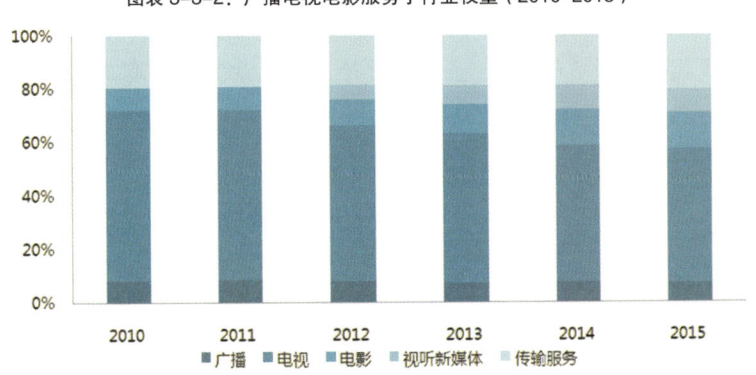

图表 3-3-2：广播电视电影服务子行业权重（2010-2015）

资料来源：CCRD

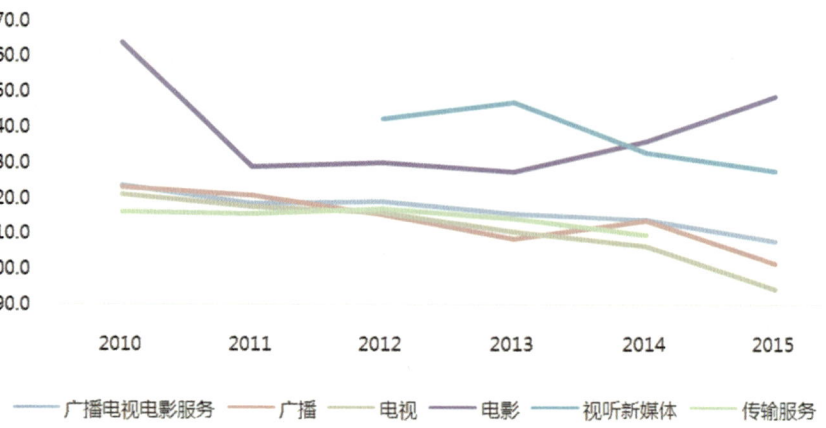

图表 3-3-3：广播电视电影服务子行业景气度（2010-2015）

资料来源：CCRD

从子行业来看，广播、电视、传输服务的景气周期与行业整体较为一致，处于持续下滑的过程中。电视行业的景气周期下滑尤为迅速，已跌至荣枯平衡线下方。以在线视频为代表的新媒体发展迅速，对电视行业造成了较大冲击，是电视景气周期下滑的主要原因。电影行业近年来处于持续快速发展阶段，景气指数大幅高于行业整体。2011-2013 年经历短暂下滑后，2014 年开始电影行业进入新一轮的快速增长阶段，2015 年国内电影票房达到 438.4 亿元，已成为全球第二大电影市场。视听新媒体自 2012 年开始处于快速发展阶段，近年来，景气指数有所下滑，但仍高于行业整体（图表 3-3-3）。

从子行业对广播电视电影行业的拉动来看，电视行业在 2010-2013 年对广播电视电影行业的拉动最大，2014 年开始被电影行业所超越。2015 年，电视行业拖累行业景气指数下降 3.54%，电影行业拉动行业景气指数上升 8.17%。视听新媒体从 2012 年开始对行业整体景气指数有所贡献，2015 年拉动行业景气指数上升 3.06%。广播行业对行业整体景气指数有正向拉动作用，但拉动率逐年下降，2014 年拉动行业上升 1.82%（图表 3-3-4）。

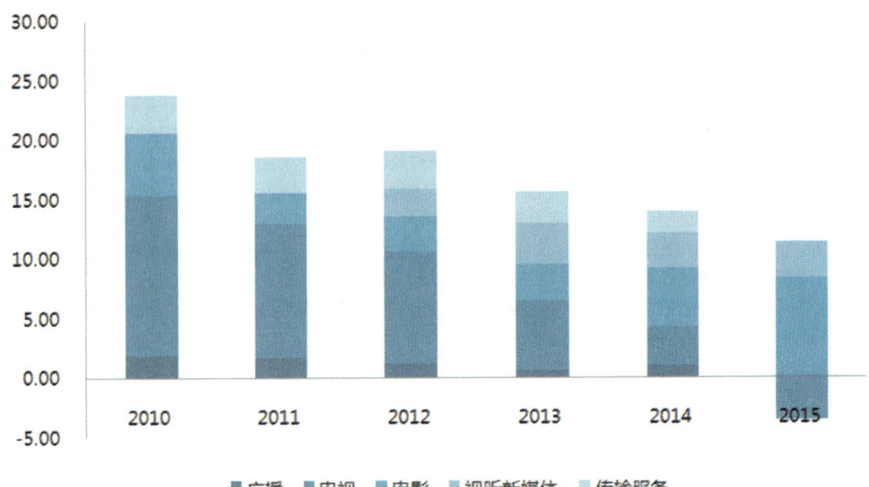

图表 3-3-4：子行业对广播电视电影服务景气度的拉动（2010-2015）

资料来源：CCRD

### 【探讨】拥抱互联网　电视行业凤凰涅槃

在视听领域，随着新媒体的蓬勃发展，传统的电视行业正面临着前所未有的危机。在新媒体出现以前，中国视频格局由广电机构领导下的电视行业所垄断。直到 2000 年前后，这一状态才开始由电信企业涉足在线直播（如互联星空）以及互联网公司在网络上试水 Flash、播放盗版电影打破。2005 年以后，随着基础宽带的提速和普及，互联网视频作为一种被确认的媒介形态正式立足，由此也给传统的视听格局带来了更猛烈、持续的冲击。根据中国传媒产业发展报告（2016）的统计，近五年来虽然广播、电视广告收入总额仍持续增长，但从 2011 年起增幅却持续下滑，从 2011 年的 15.6% 下降到 2015 年的 3.01%，跌幅近 80%。从 2015 年终端接触率来看，电视机的接触率仍以 98.6% 的优势位居首位，但该项数据近年来在不断下降。据 CSM 媒介研究发现，2011—2015 年电视观众规模呈逐年下降趋势，2015 年观众的平均到达率由 2011 年的 69.5% 下降至 62.3%，下降了 7.2 个百分点。2015 年电视忠实观众收看电视的时间比 2014 年下降了 1 分钟。与此相对比，新媒体行业在各个领域迅猛发展，活力四射。根据传媒蓝皮书的统计，2015 年，互联网媒体的市场占比由 2014 年的 47.2% 上升到 51.8%，进一步拉大了与传统媒体的规模差距，传统媒体影响力和话语权体系都受到了严峻挑战。2015 年电视广告收入首次被网络游戏市场（1411.5 亿元）超越，这个超越反映了传媒行业新旧更替的现实。中国新媒体发展报告（2016）用这样一组数据展示了 2015 年视听媒体生态的新面貌：全国上线播出的网络原创节目达到 334 万个，涵盖了网络剧、微电影、网络综艺等各种节目类型；其中网络点播 1 亿元以上的剧目达到 51 部，总点播量达 229 亿次；网络视听产业的营收规模已达 531.5 亿元。在这样的背景下，传统的电视产业将走向何方？

与新媒体相比，电视行业依然具有三项独特的优势。首先，电视从产生到现在已经经历了很长的发展历史，很多用户已经对其产生了收视习惯和依赖。尽管新媒体占用了大量的碎片时间，但客厅休闲电视依然是首选。对于在家时间很长的人，例如中老年人群、家庭主妇阶层等，电视是他们的忠实"伴侣"。其次，由于电视在客厅经济中的特殊作用，电视除了提供信息和娱乐以外，对于家庭和社群也起到了一种整合作用。新媒体强调个性和分散，电视则能在家庭成员之间共享，促使个体回归家庭集群式的生活方式。第三，从视听节目而言，大屏电视所带来的观看的舒适性也是小屏幕无法取代的。当电视能够与手机、电脑提供同样的便捷内容之时，人们还是更愿意在电视上观看视听内容。上述独特的优势的存在使得电视会受到新媒体的挑战，却不会完全被取代。正如广播行业在电视冲击下找准定位生存下来一样，在新媒体蓬勃发展的今天，电视也可以在多屏时代最终找到发展的空间。

在顶层设计和市场机制的双重作用下，我国的传统媒体和新媒体开始呈现出深度融合、协同发展的局面。2014年8月18日，中央全面深化改革领导小组第四次会议审议通过了《关于推动传统媒体和新兴媒体融合发展的指导意见》，从宏观层面推动传统媒体和新兴媒体的融合，形成立体多样、融合发展的现代传播体系。市场机制则从传统媒体拥抱互联网和互联网巨头整合传统媒体两方面推进传媒业的融合创新。2014年末，上海文广改革重组方案最终确定，重组后的上市公司百事通定位为新的互联网媒体集团，业务包含内容、平台＋渠道、服务三大板块。重组方案中上海文广将内容与渠道并举，在内容方面投资100亿元，用于扩大影视剧生产规模和版权购买，未来三年还会投资20亿元购买版权，以增加互联网电视内容的竞争力；在平台方面，除了现有的互联网电视、IPTV、有线数字电视等，上海文广还要投入10亿元用来建设云平台和大数据中心，把旗下所有的平台包括东方购物680万用户整合到一个平台上来，进行集中开发。[1] 湖南广电则是通过强化版权运作等方式打造自己的互联网视频平台。湖南广电是较早开始进行版权运作的广电集团，然而2015年以来，湖南卫视自制节目不再在其他互联网视频平台进行版权分销，以此打造自己新的芒果TV网络视频平台。湖南广电希望通过打造以芒果生态圈为核心的全媒体集团，积极变"观众"为"用户"，变"电视内容"为"IP资源"，逐渐从"内容制作机构"升级为"内容分发平台"，芒果TV网络视频平台目前已覆盖电视、PC电脑、手机、平板电脑等各类终端，下载量一度位居苹果应用商店免费榜总榜第一名。[2] 以BAT为代表的互联网巨头也利用数据资源、平台渠道、用户等方面的优势，通过资本运作的方式，向传统传媒业延伸，反向整合传媒业资源。据传媒蓝皮书（2016）统计，近两年间阿里巴巴已经入股或者收购25家传统媒体，其中包括《京华时报》《北京青年报》《第一财经日报》《第一财经周刊》《博客天下》《财经天下》《商业评论》《南华早报》等。

通过拥抱互联网，与新媒体融合发展的形式，以电视行业为代表的传统行业凤凰涅槃，逐渐走出新的定位。根据《2016中国网络视听发展研究报告》，使用智能电视收看网络视频节目的用户占比为47.5%，在去年基础上增长了一倍以上，智能电视的共享性、智能性和可控性迎合现代家庭娱乐需求，已经成为一种新兴的家庭娱乐模式。同时，以广电系为代表的传统电视传媒，正通过三网融合、点播时移等弥补技术上的缺陷，通过与互联网主体的合作弥补内容的不足，推动电视内容的升级换代和个性化进程。新媒体发展浪潮势不可挡，拥抱互联网，顺应时代发展潮流，与新媒体融合发展，是新时代背景下以电视为代表的传媒行业涅槃重生之路。

注1：引自《上海文广重组：传统媒体转型标杆？》，《时代周刊》，2014年2月
注2：引自《广电传媒与互联网巨头的融合之路》，《新闻传播》，2015年第13期

## 软件和信息技术服务

2010-2015年，软件和信息技术服务行业是文化创意产业中景气度最高的行业，景气指数显著高于行业整体。软件和信息技术服务行业在2011年达到景气周期的最高点（141.2），此后与行业整体的表现一致持续下滑，2015年景气指数为122.6（图表3-4-1）。

软件和信息技术服务行业包括软件开发、数字内容、增值电信服务、互联网接入及相关服务、互联网信息服务、信息技术服务六个子行业。信息技术服务行业占比最大，比重呈逐年下降的趋势，2015年占比34.9%。软件开发行业排名第二，比重小幅下降，2015年占比22.9%。数字内容和增值电信服务比重较为稳定，2015年占比分别为7.4%和8.2%。互联网接入相关服务比重上升很快，2015年占比7.8%（图表3-4-2）。

图表 3-4-1：软件和信息技术服务景气周期与文化创意产业整体比较（2010-2015）

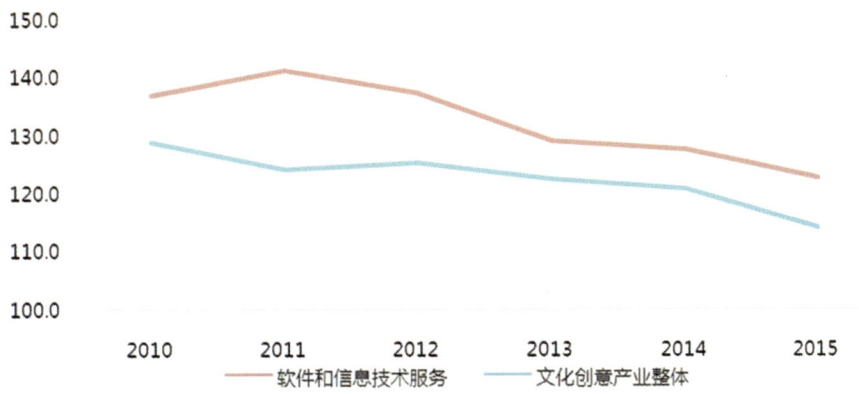

资料来源：CCRD

图表 3-4-2：软件和信息技术服务子行业权重（2010-2015）

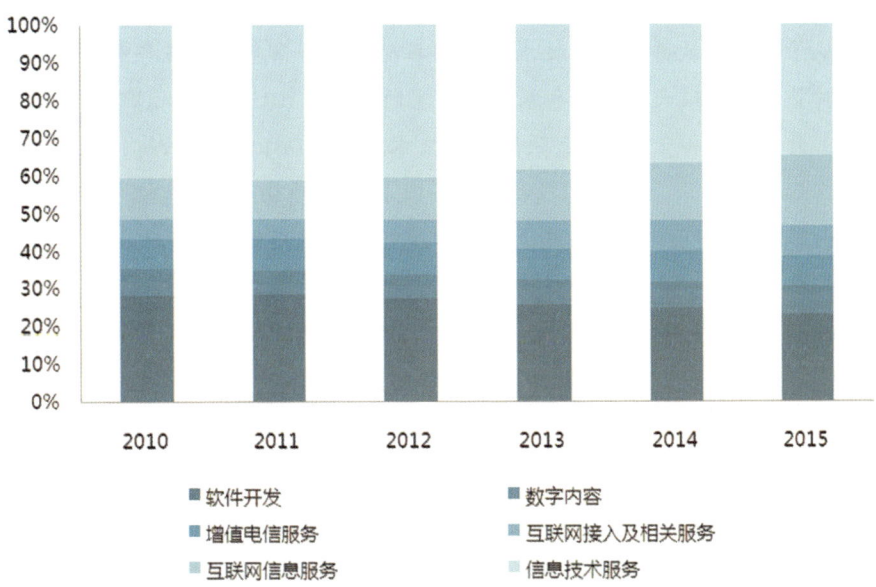

资料来源：CCRD

从子行业来看，软件开发、数字内容、增值电信服务、互联网接入及相关服务、信息技术服务与行业整体景气周期较为一致，整体景气度较高，但近年来也出现了一定程度的下滑。除2011年以外，互联网信息服务的整体景气度较高，大幅高于行业平均景气度。2012年开始，互联网信息服务景气度迅速回升，稳定在较高的景气周期（图表3-4-3）。

旧人去，新人来 | 147

图表 3-4-3：软件和信息技术服务子行业景气度（2010-2015）

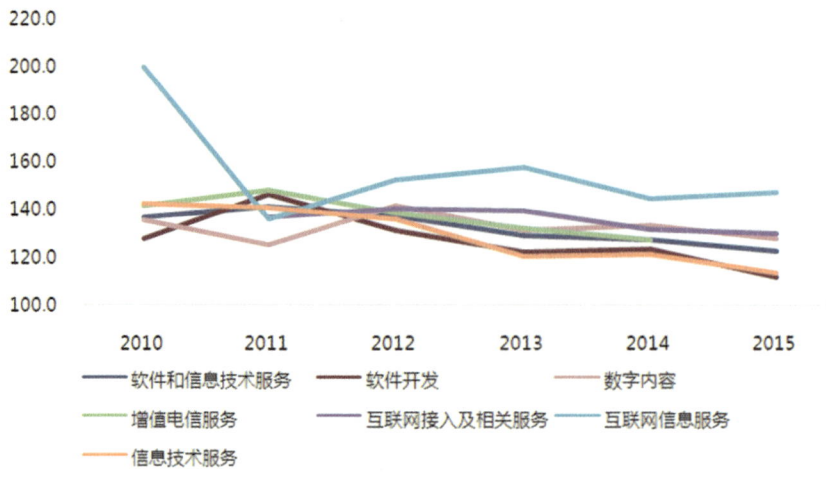

资料来源：CCRD

从子行业对软件和信息技术服务的拉动来看，信息技术服务和软件开发前期对整体拉动较大，但近年来拉动率有所下滑，2015 年分别拉动行业景气指数上升 5.13% 和 2.98%。互联网信息技术服务从 2011 年开始对行业整体景气度贡献持续上升，2015 年拉动行业景气指数上升 9.71%。增值电信服务、数字内容和互联网接入及相关服务对行业整体景气指数拉动不大，增值电信服务拉动率持续下降，互联网接入及相关服务拉动率有所上升，数字内容基本维持不变（图表 3-4-4）。

图表 3-4-4：子行业对软件和信息技术服务景气度的拉动（2010-2015）

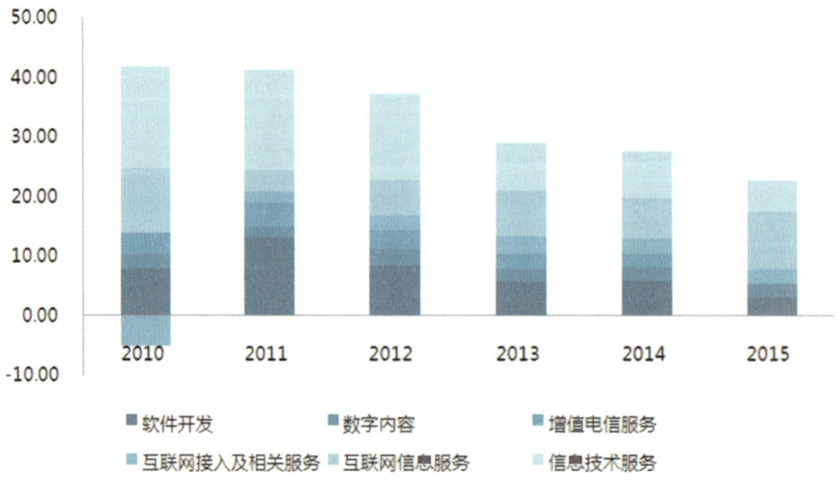

资料来源：CCRD

148 ｜ 文化中心智库 2017 年度报告

## 广告和会展服务

2010-2015 年，广告和会展服务景气指数除在 2012 年短暂超文化创意产业整体以外，其余时间的表现均落后于行业整体。广告和会展服务景气周期也与行业整体不一致。2012 年，在行业整体下滑的情况下，广告和会展服务逆市走强，达到景气周期最高点（127.3），2013 年大幅下滑至 108.8，此后基本持平于 108 左右（图表 3-5-1）。

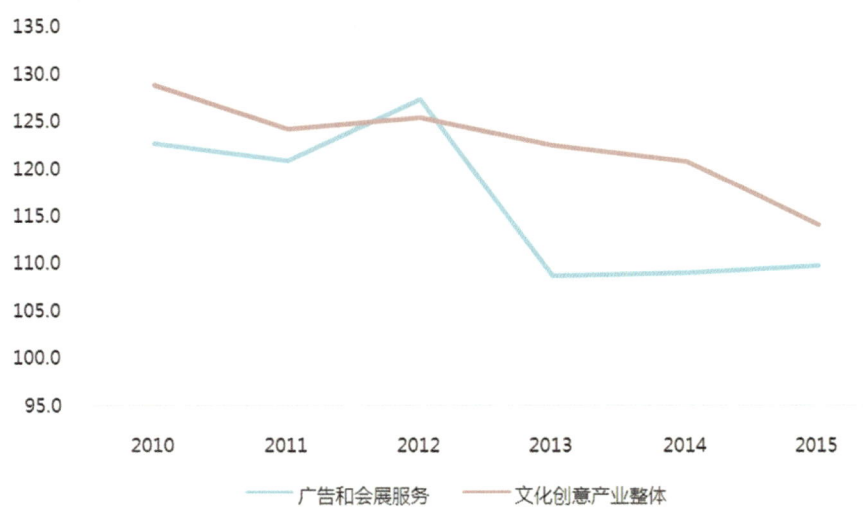

图表 3-5-1：广告和会展服务景气周期与文化创意产业整体比较（2010-2015）

资料来源：CCRD

广告和会展服务包括广告业和会展业两个子行业，二者占比大致相当。2010 年，会展服务的比重大于广告服务，但广告服务比重逐年上升，会展服务比重逐年下降，2013 年，广告服务比重超过会展服务。2015 年，广告和会展服务的占比分别为 56.26% 和 43.74%（图表 3-5-2）。

从子行业来看，广告服务和会展服务的景气度差别较大。2010-2012 年，广告服务的景气度稳步上升，达到高点 146.0 后下降迅速，2015 年景气度低于行业整体。会展业 2010 年处于行业景气高点，此后稳步下滑，2013 年达到景气低点后有所回升，2015 年景气度高于行业平均（图表 3-5-3）。

图表 3-5-2：广告和会展服务子行业权重（2010-2015）

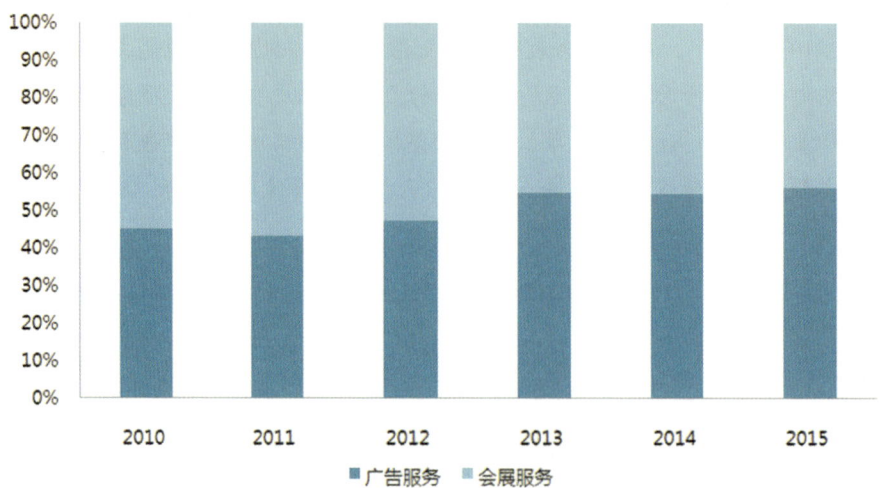

资料来源：CCRD

图表 3-5-3：广告和会展服务子行业景气度（2010-2015）

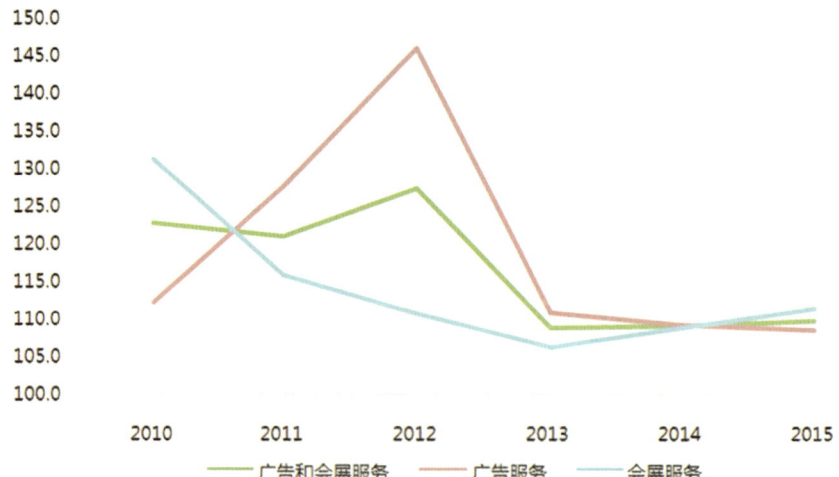

资料来源：CCRD

从子行业对广告和会展服务的拉动看，2010-2012年广告和会展业对行业整体拉动均较大，2013年起两个子行业均呈现出明显下滑。会展业在2011-2012年对行业整体的拉动率超过了广告业，近年来再次落后。2015年，广告服务和会展服务对行业整体的拉动分别为5.51%和3.72%（图表3-5-4）。

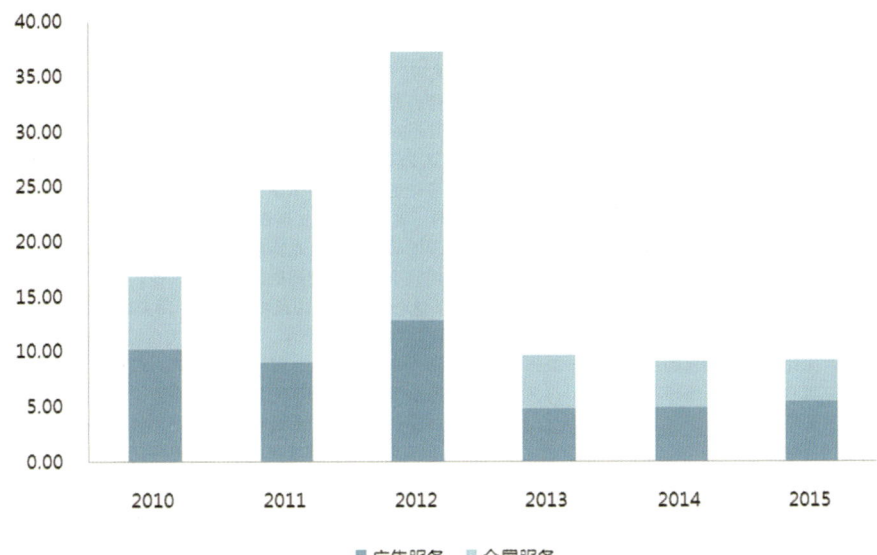

图表 3-5-4：子行业对广告和会展服务景气度的拉动（2010-2015）

资料来源：CCRD

**【探讨】广告即内容　内容即广告**

广告业与宏观经济关系密切，在中国经济增速持续下滑的背景下，从 2012 年开始，中国广告业的景气指数也不断下降。同其他文化产业一样，除了整体表现不佳以外，在广告业的内部也存在着新经济与传统行业的碰撞。根据中国传媒产业发展报告（2016）的统计，2015 年四大主流传统媒体的广告经营额出现了较为严重的全面负增长，其中最为严重的是电视广告收入，出现了较大幅度的下降（-10.31%）。

2015 年媒体广告经营基本情况统计（单位：亿元，%）

| 媒介 | 2014 年经营额 | 2015 年经营额 | 2015 年增幅 | 2014 年增幅 |
| --- | --- | --- | --- | --- |
| 电视台 | 1278.50 | 1146.69 | -10.31 | 16.11 |
| 广播电台 | 132.84 | 124.49 | -6.29 | -5.91 |
| 报社 | 501.67 | 501.12 | -0.11 | -0.60 |
| 期刊社 | 81.62 | 71.90 | -11.91 | -6.41 |

资料来源：中国传媒产业发展报告（2016）

与传统行业的不断下滑相对比，互联网广告，尤其是移动端广告，在 2015 年可以用蓬勃发展来形容。根据中国广告协会互动网络分会的统计，2015 年，中国互联网广告经营额达到 1589 亿元，同比增长 51.7%，超越了电视广告，成为了拉动广告行业增长的最重要力量。互联网广告，尤其是移动端广告，能够满足广告主投放精准化、个性化的要求。H5、朋友圈硬广告，以及借助"摇一摇"、"抢红包"等方式推出的新广告形式在 2015 年相继走红。DSP 技术让中国的互联网广告进入了一个全新的技术时代。

广告业所面临的变化不仅是传播媒介的变迁，更重要的是，广告本身的形式和内容都在发生颠覆性的变化。尽管和互联网一样古老，开始于 1994 年的横幅广告（Banner Ad）曾经非常有效，但现在正逐渐被时代所淘汰。广告不再是令人生厌的图片或视频植入，广告即内容，内容即广告，广告的话题度、内容化、传播性与曝光率一样成为了广告主的首要关切。2013 年底，Intel 宣布与西班牙豪门巴塞罗那俱乐部正式达成合作，成为后者的官方全球技术伙伴，品牌标识也会登上其球衣。传统球衣广告都会印在胸前，或者背后，以追求最大程度的曝光率。但 Intel 这次却出乎意料的将标识印在了球衣内侧，只有球员将球衣掀起来才能看到。这一赞助费用高达 2500 万美元。英特尔的这一天价赞助虽然没有获得超高的曝光率，却自带话题性和传播性，成为了一则被各大媒体争相报道的新闻，也最大限度的勾起了大众的好奇心。配合"Intel Inside"的宣传语，这个营销方式堪称完美。2014 年，农夫山泉采用纪录片的形式拍摄的真实故事《一个你从来不知道的故事》在分众传媒播出，长达三分钟。分众传媒，中国电梯媒体的代表，利用受众在必需的封闭狭小的电梯空间形成强制性观视。传统意义上，分众传媒播出的都是纯广告，强制向受众推销商品。这一次，农夫山泉打破传统，用类似 CCTV-9 记录频道的画面开始在分众播出，结尾是农夫山泉的理念"我们不生产水，我们只是大自然的搬运工"。纪录片采用了纪实拍摄的手法，每一处景，每一句话，每一个镜头，每一个情节都力求真实。该广告获得了其他分众广告所没有的效果，许多消费者自愿观看，甚至为了把广告看完而错过了电梯。这项纪录片营销活动拉近了品牌与消费者之间的距离，加深了消费者对品牌理念的认可，极大地提升了消费者的好感度。2016 年，农夫山泉又做了一件出人意料的举动，那就是视频广告可关闭。对于任何一个视频网站的非会员来说，数十秒的广告是非常浪费时间的。农夫山泉广告可关闭策略对用户来讲，不仅有让他们眼前一亮的新鲜感，更让他们感受到了来自品牌方的尊重。从网友的反馈来看，这次尝试，再次获得了巨大成功。

在新旧媒体碰撞融合的浪潮下，人人是媒体，广告形式也随之发生了翻天覆地的变化。广告与内容之间不再存在明显界限，内容即广告，创意即传播。广告不再是厂商对消费者的单向灌输，能否在传播中融入有价值的内容，真正达到与消费者的互动、交流成为了衡量广告价值的新标准。

## 工艺美术品生产与销售服务

2010-2015 年，工艺美术品生产和销售服务总体景气度较高但波动较大。2011 年行业景气指数达到最高点（148.5），此后大幅回落，2012 年景气度落后于行业整体表现。2013-2014 年，行业景气度有所回升，重新领先于行业整体，2015 年再度大幅回落至 104.5（图表 3-6-1）。

工艺美术品生产和销售服务包括雕塑工艺品、金属工艺品、漆器工艺品、花画工艺品、天然植物纤维编制工艺品、抽纱刺绣工艺品、地毯挂毯制造、珠宝首饰及有关物品制造和其他工艺美术品制造九个子行业，各子行业的比重基本保持稳定。占比最大的为珠宝首饰及有关物品制造，比重约为三分之一。其次是其他工艺美术品制造，比重不到五分之一。雕塑工艺品、抽纱刺绣工艺品和天然植物纤维编织工艺品的比重约为 10%。金属工艺品和地毯挂毯制造工艺品的比重稳定在 5% 以上。漆器工艺品和花画工艺品的比重很小，不足 5%（图表 3-6-2）。

图表 3-6-1：工艺美术品生产和销售服务景气周期与文化创意产业整体比较（2010-2015）

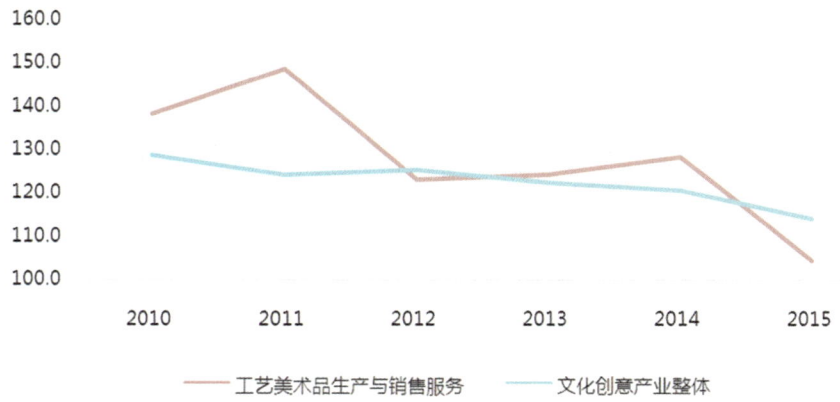

资料来源：CCRD

图表 3-6-2：工艺美术品生产和销售服务子行业权重（2010-2015）

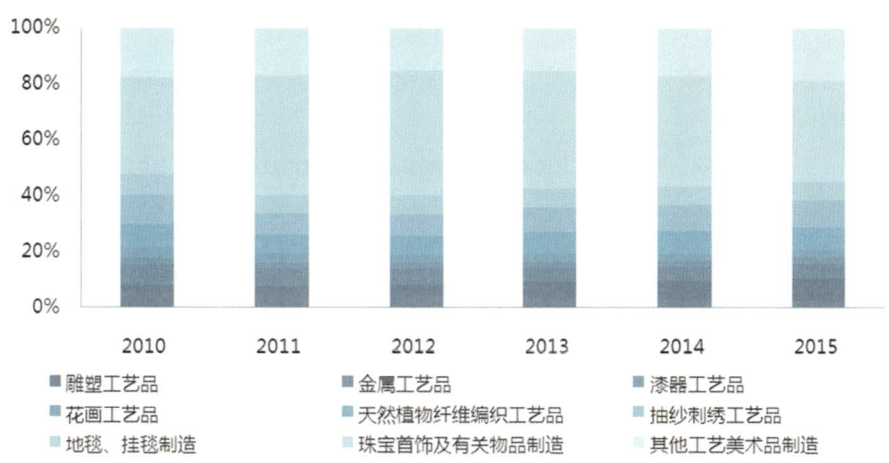

资料来源：CCRD

从子行业来看，工艺美术品生产和销售景气周期较为一致，2010-2011年行业整体景气度较高，漆器工艺品景气度最高，景气指数为186.4，此后行业整体开始下滑。2015年，景气度最高的子行业为金属工艺品，景气指数为119.5，化工用品、地毯挂毯制造和珠宝首饰及有关物品制造三个子行业下滑至荣枯平衡线下方（图表3-6-3）。

从子行业对工艺美术品生产及销售服务的拉动看，由于子行业景气周期较为一致，2010-2014年各子行业对行业整体都有较大拉动，2015年子行业整体拉动力度减弱，珠宝首饰及有关物品制造拖累行业景气指数下降2.15%

（图表 3-6-4）。

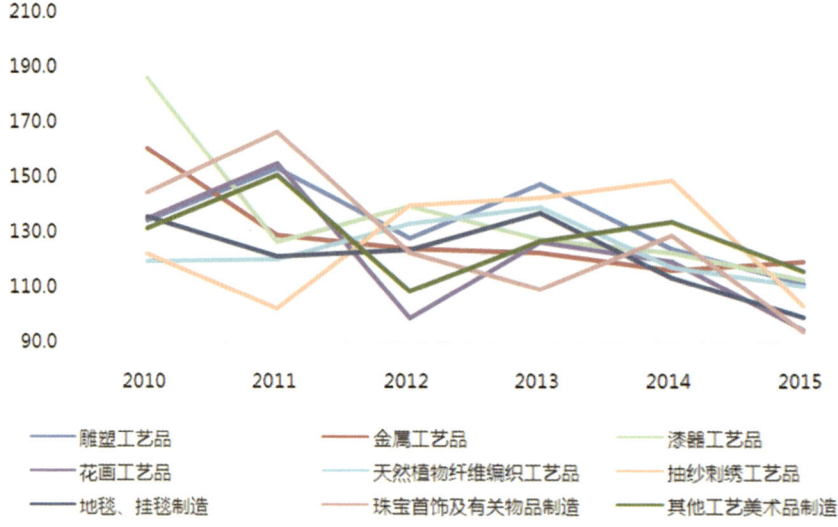

图表 3-6-3：工艺美术品生产和销售服务子行业景气度（2010-2015）

资料来源：CCRD

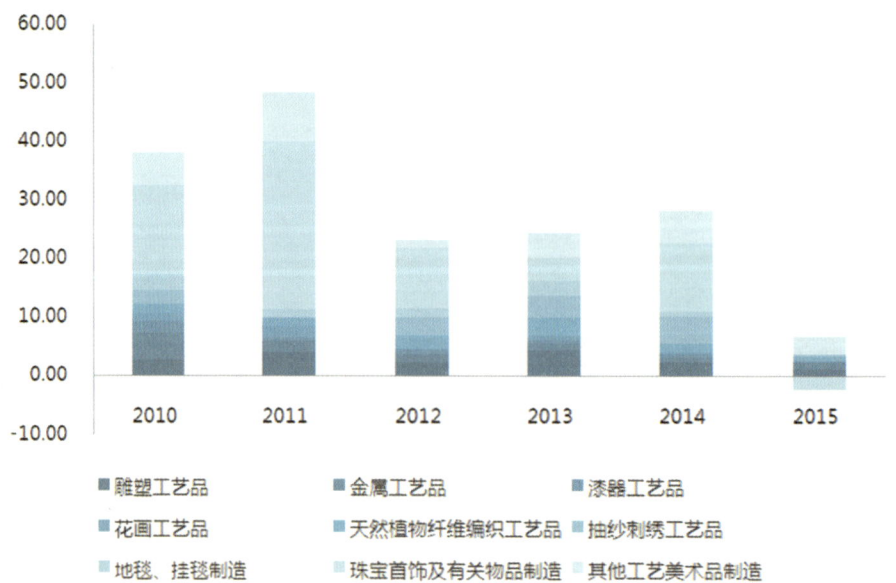

图表 3-6-4：子行业对工艺美术品生产和销售服务景气度的拉动（2010-2015）

资料来源：CCRD

## 设计服务

2010-2015 年,设计服务景气度受经济周期的影响,波动极大。2011 年设计服务的景气度降至 95.5,位于荣枯平衡线下方。2012 行业景气度快速回升,2013 年景气度达到周期最高点(155.7),大幅高于文化创意产业整体表现。2014 年行业景气度再度回落,2015 年景气度回落至荣枯平衡线下方(90.9)(图表 3-7-1)。

图表 3-7-1:设计服务景气周期与文化创意产业整体比较(2010-2015)

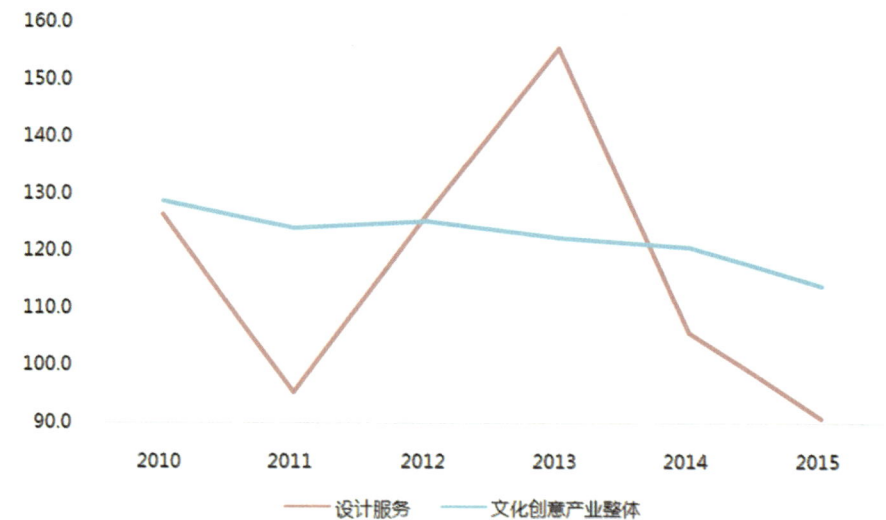

资料来源:CCRD

设计服务包括建筑设计服务、专业化设计服务和集成电路设计服务三个子行业,2010-2015 年子行业所占比重波动较大。建筑设计服务所占比重最大,2015 年比重为 30.95%。其次是集成电路设计,比重波动较大,2010-2013 年下降较快,近两年大幅回升,2015 年占比为 15.11%。专业化设计服务比重呈下降趋势,2015 年比重为 7.87%(图表 3-7-2)。

设计服务各子行业景气周期差异较大。受建筑业和房地产开发业景气周期影响,建筑设计行业波动最大。2011 年经历短暂下滑以后,2012-2013 年建筑设计行业景气度迅速上升达到高点(173.9)后迅速下滑。2015 年建筑设计行业进入寒冬,行业景气周期指数仅为 80.0。集成电路设计服务的景气周期较为稳定,2010-2015 年始终位于 110 左右。专业化设计服务景气指数近年来也持续下滑，2014 年已下滑至 81.8，大幅低于荣枯平衡线（图表 3-7-3）。

图表 3-7-2：设计服务子行业权重（2010-2015）

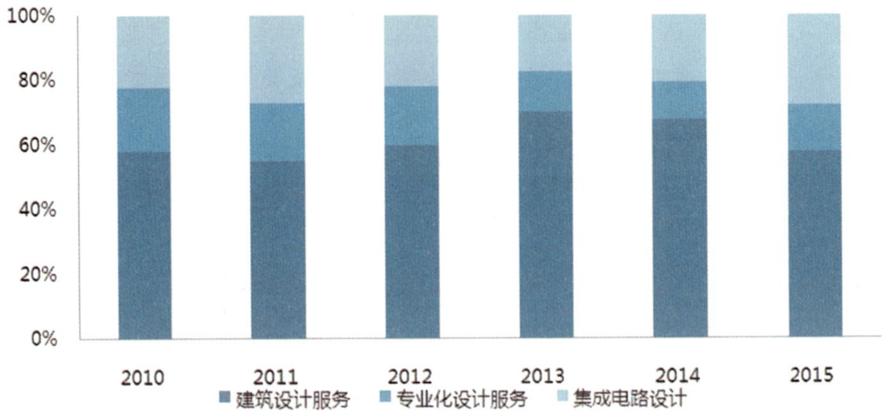

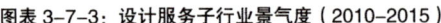

资料来源：CCRD

图表 3-7-3：设计服务子行业景气度（2010-2015）

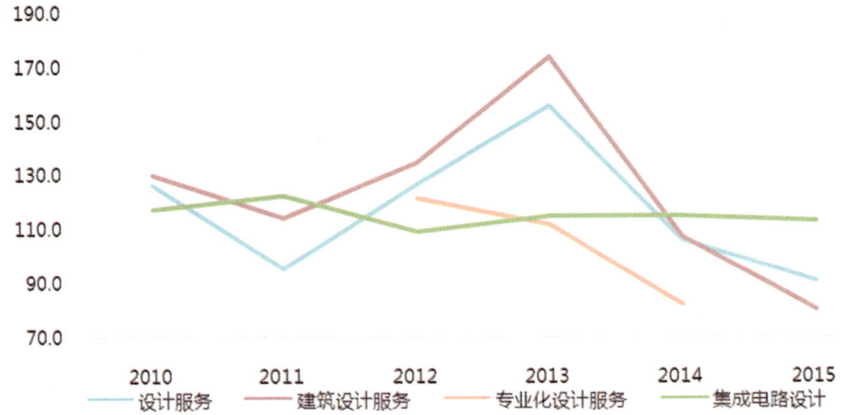

资料来源：CCRD

从子行业对设计服务的拉动看，建筑设计服务对行业整体影响最大，2010-2014 年带动了整体行业景气度的上升，2013 年更是拉动行业景气指数上升了 25.76%。2015 年建筑设计服务景气度下降，拖累行业景气指数下降 6.19%。专业化设计服务和集成电路设计对行业影响较小（图表 3-7-4）。

图表 3-7-4：子行业对设计服务景气度的拉动（2010-2015）

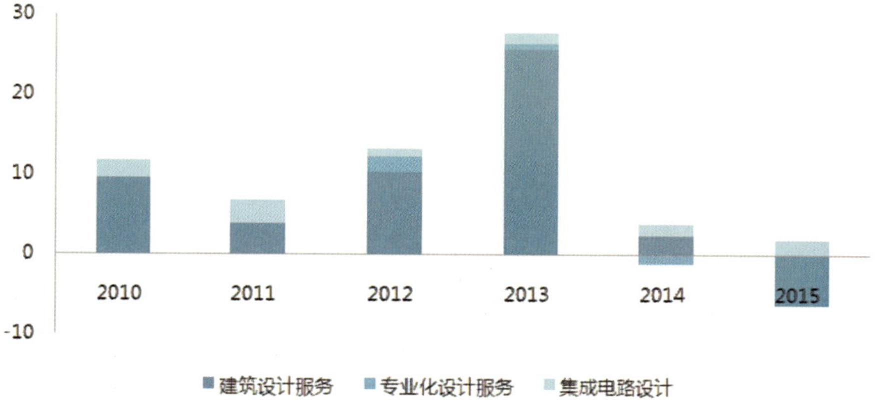

资料来源：CCRD

## 文化休闲娱乐服务

2010-2015 年，文化休闲娱乐服务景气指数总体落后于文化创意行业整体，景气周期与行业整体不同。2011 年，文化休闲娱乐服务景气度下降至最低点（102.3），此后景气度逐渐回升，2015 年景气度回升至 110.4（图表 3-8-1）。

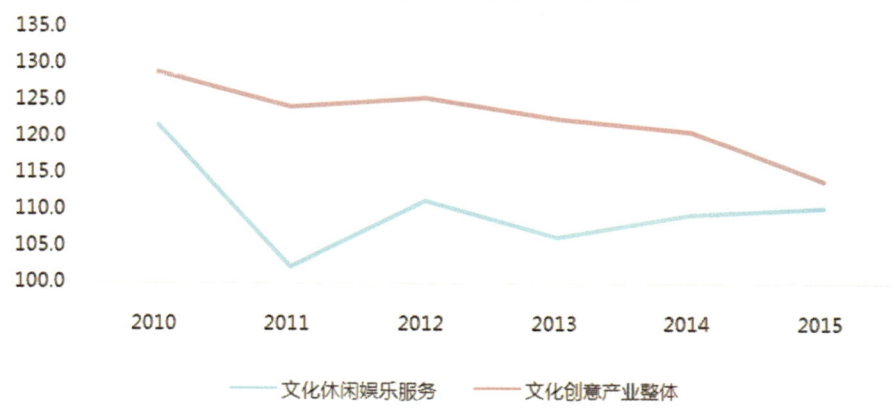

图表 3-8-1：文化休闲娱乐服务景气周期与文化创意产业整体比较（2010-2015）

资料来源：CCRD

文化休闲娱乐服务包括旅游服务、休闲娱乐服务和摄影扩印服务三个子行业。旅游服务所占比重最大，但呈逐年下降的趋势，2015 年的比重为 63.67%。休闲娱乐服务和摄影扩印服务的比重都处于快速增长的过程中，2015 年的比重分别为 14.42% 和 21.91%（图表 3-8-2）。

图表3-8-2：文化休闲娱乐服务子行业权重（2010-2015）

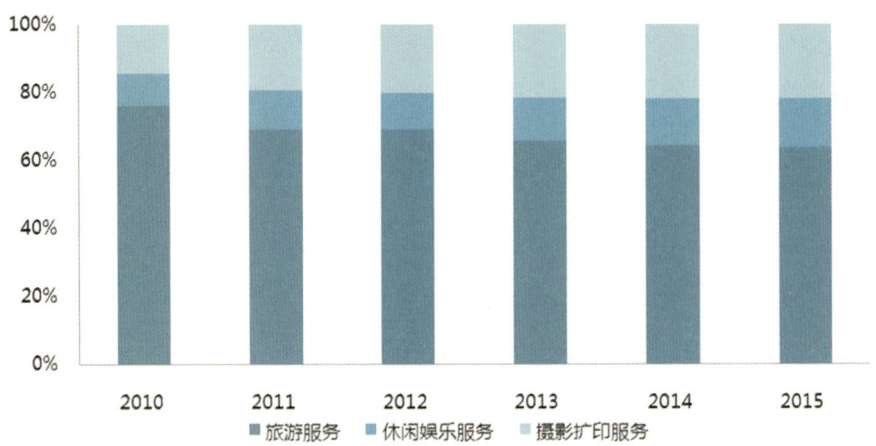

资料来源：CCRD

文化休闲娱乐服务各子行业景气周期差异较大。旅游服务在2011年接近荣枯平衡线以后，近年来景气度有所回升，2015年景气指数为112.0。休闲娱乐服务在2012年跌入低谷以后，2013-2014年景气度迅速回升，2015年再度下滑，景气指数为103.3。摄影扩印服务处于持续下滑的过程中，2014年已跌至荣枯平衡线下方（图表3-8-3）。

图表3-8-3：文化休闲娱乐服务子行业景气度（2010-2015）

资料来源：CCRD

从休闲娱乐的子行业来看，娱乐场所的景气度较高，2012年以来景气度回升较快，2015年景气指数为128.7。网吧在2010-2014年景气度持续上升，2015年下滑较快，景气指数跌至77.9（图表3-8-4）。

图表 3-8-4：休闲娱乐服务子行业景气度（2010-2015）

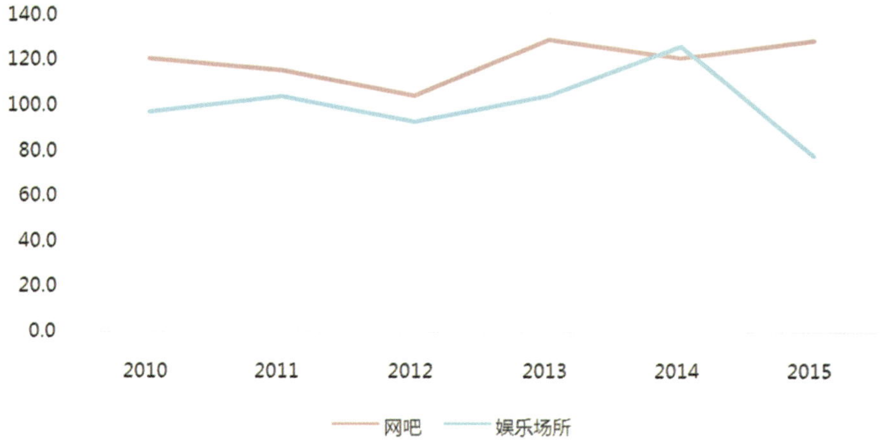

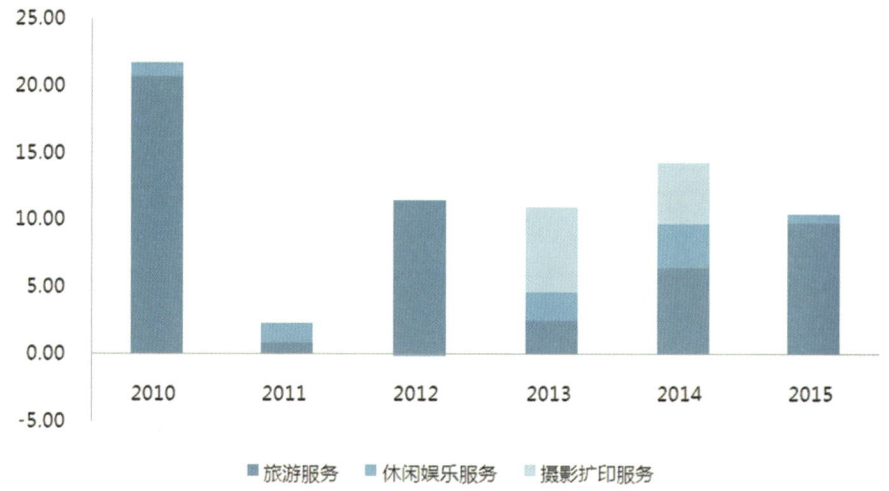

资料来源：CCRD

从子行业对文化休闲娱乐服务的拉动看，旅游服务影响十分突出，2010年拉动行业景气指数上升 20.69%。休闲娱乐服务的拉动效应波动性较大（图表 3-8-5）。

图表 3-8-5：子行业对文化休闲娱乐服务景气度的拉动（2010-2015）

资料来源：CCRD

## 文化用品设备生产销售及其他辅助服务

2010-2015 年，文化休闲娱乐服务景气指数总体落后于文化创意行业整体，景气周期也与行业整体不同。2011年文化休闲娱乐服务景气度下降至最低点（102.3），此后景气度逐渐回升，2015年景气度回升至110.4（图表3-9-1）。

**图表3-9-1：文化用品设备生产销售及其他辅助服务景气周期与文化创意产业整体比较（2010-2015）**

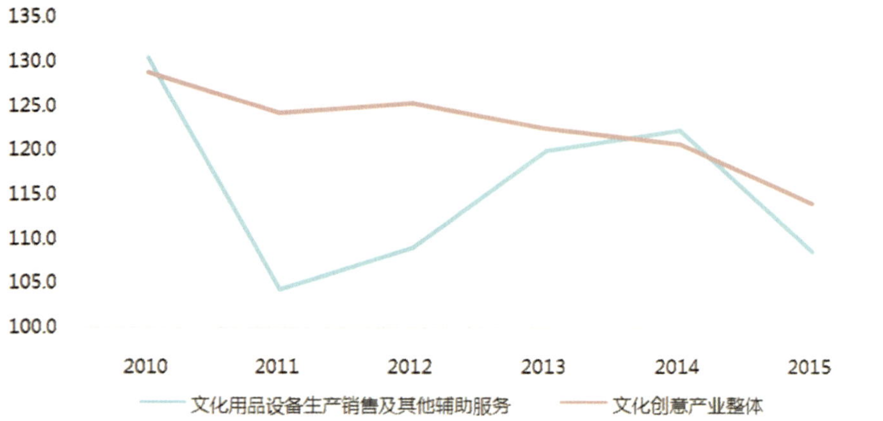

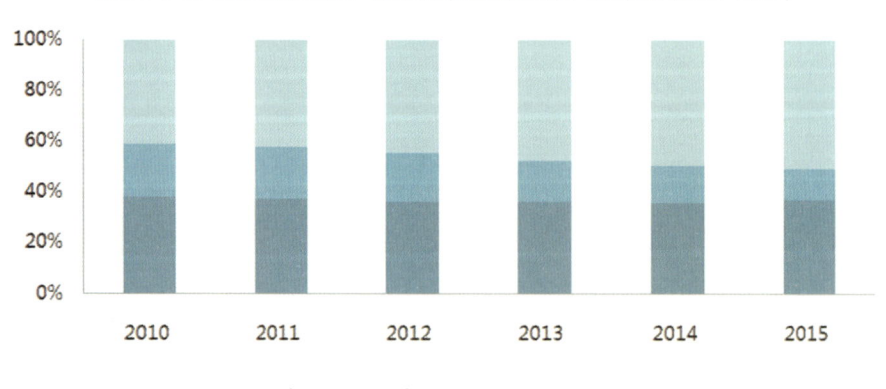

资料来源：CCRD

文化用品设备生产销售及其他辅助性服务包括文化用品、文化设备和印刷复制服务。印刷复制服务所占比重最大，逐年上升，2015年占比50.41%。文化用品比重第二，占比基本稳定，2015年比重为37.04%。文化设备比重最低，持续下滑，2015年占比为12.54%（图表3-9-2）。

**图表3-9-2：文化用品设备生产销售及其他辅助性服务子行业权重（2010-2015）**

资料来源：CCRD

文化用品设备生产销售及其他辅助型服务子行业景气周期较为一致，2010年景气度最高，2011年景气度迅速下滑，此后有所复苏，2015年再度下滑。文化用品和印刷复制服务景气度略高于行业整体，文化设备景气度最低，2015年已跌至荣枯平衡线下方（图表3-9-3）。

图表3-9-3：文化用品设备生产销售及其他辅助型服务子行业景气度（2010-2015）

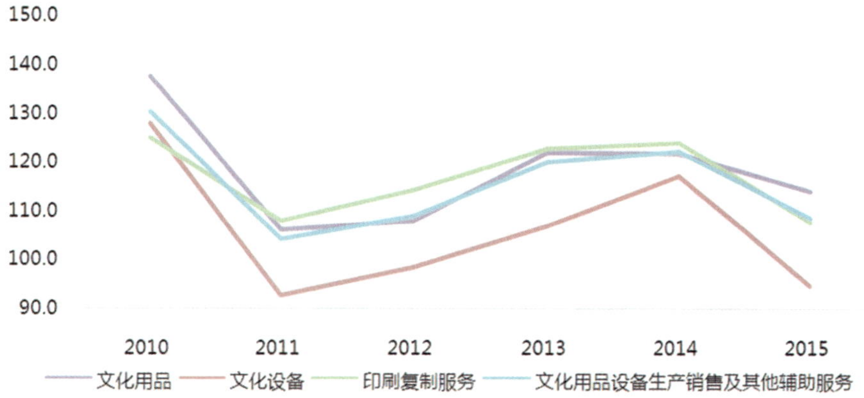

资料来源：CCRD

从文化用品子行业来看，游艺器材景气指数领先于行业整体，但波动较大，2011-2014年景气度持续回升以后，2015年下滑较快。乐器行业在2011年出现低点以后持续回升，2015年景气指数为123.8。玩具行业在2012年跌至荣枯平衡线下方以后，景气度有所恢复，2015年景气指数仍为行业最低。体育用品行业在2011年跌至景气周期低点以后一直在低位徘徊，但始终处于荣枯平衡线上方。文教用品行业在2011年跌至荣枯平衡线下方以后，有所恢复，2015年景气指数为112.6（图表3-9-4）。

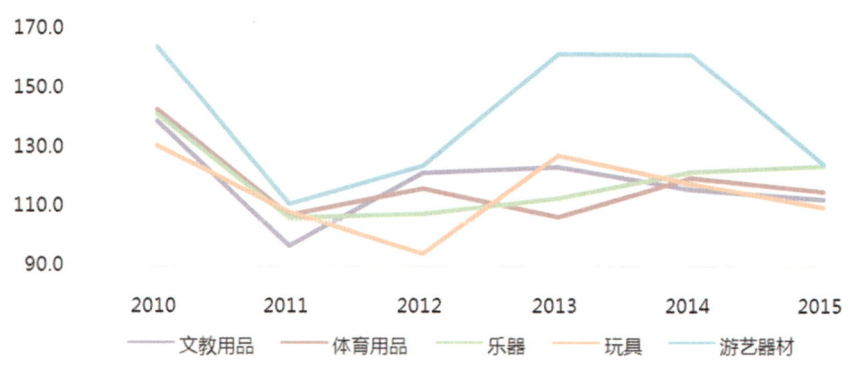

图表3-9-4：文化用品子行业景气度（2010-2015）

资料来源：CCRD

从子行业对文化用品设备生产销售及其他辅助型服务景气度的拉动看，

文化用品和印刷复制服务的作用相对突出（图表 3-9-5）。

图表 3-9-5：子行业对文化用品设备生产销售及其他辅助型服务景气度的拉动（2010-2015）

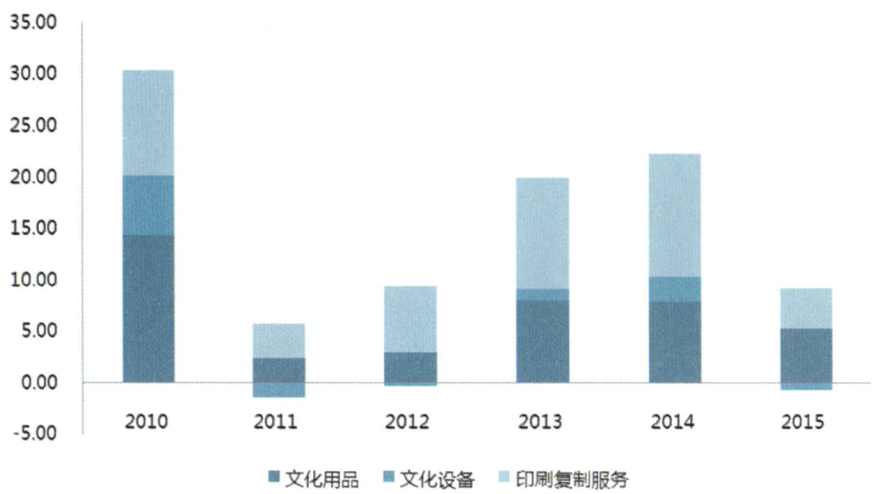

资料来源：CCRD

# 附录：数据来源

| 序号 | 指标名称 | 数据来源 |
| --- | --- | --- |
| 1 | 文化艺术服务 | |
| 1.1 | 文艺创作与表演服务 | 文化部《文化发展统计公报》 |
| 1.2 | 图书馆与档案服务 | 文化部《文化发展统计公报》 |
| 1.3 | 文化遗产保护服务 | 文化部《文化发展统计公报》 |
| 1.4 | 群众文化服务 | 文化部《文化发展统计公报》 |
| | | |
| 2 | 新闻出版发行服务 | |
| 2.1 | 图书 | 新闻出版总署《新闻出版产业分析报告》 |
| 2.2 | 期刊 | 新闻出版总署《新闻出版产业分析报告》 |
| 2.3 | 报纸 | 新闻出版总署《新闻出版产业分析报告》 |
| 2.4 | 音像制品 | 新闻出版总署《新闻出版产业分析报告》 |
| 2.5 | 电子出版物 | 新闻出版总署《新闻出版产业分析报告》 |
| 2.6 | 出版物发行服务 | 新闻出版总署《新闻出版产业分析报告》 |
| | | |
| 3 | 广播电视电影服务 | |
| 3.1 | 广播 | 广电总局《中国广播电影电视发展报告》 |
| 3.2 | 电视 | 广电总局《中国广播电影电视发展报告》 |
| 3.3 | 电影 | 广电总局《中国广播电影电视发展报告》 |
| 3.4 | 视听新媒体 | 中国网络视听服务协会《中国网络视听发展研究报告》 |
| 3.5 | 传输服务 | 广电总局《中国广播电影电视发展报告》 |
| | | |
| 4 | 软件和信息技术服务 | |
| 4.1 | 软件开发 | 工业和信息化部《中国电子信息产业统计年鉴》 |
| 4.2 | 数字内容 | 新闻出版总署《新闻出版产业分析报告》 |
| 4.3 | 增值电信服务 | 国家统计局、中宣部《文化及相关产业统计概览》 |
| 4.4 | 互联网接入及相关服务 | 工业和信息化部《电信行业统计公报》 |
| 4.5 | 互联网信息服务 | 艾瑞咨询《中国网络经济年度监测报告》 |
| 4.6 | 信息技术服务 | 工业和信息化部《中国电子信息产业统计年鉴》 |

(续表)

| 序号 | 指标名称 | 数据来源 |
|---|---|---|
| 5 | 广告和会展服务 | |
| 5.1 | 广告服务 | 国家工商总局新闻发布 |
| 5.2 | 会展服务 | 商务部《中国会展产业年度报告》 |
| 6 | 工艺美术品生产与销售服务 | |
| 6.1 | 雕塑工艺品 | 国家统计局《工业企业主要经济指标》 |
| 6.2 | 金属工艺品 | 国家统计局《工业企业主要经济指标》 |
| 6.3 | 漆器工艺品 | 国家统计局《工业企业主要经济指标》 |
| 6.4 | 花画工艺品 | 国家统计局《工业企业主要经济指标》 |
| 6.5 | 天然植物纤维编织工艺品 | 国家统计局《工业企业主要经济指标》 |
| 6.6 | 抽纱刺绣工艺品 | 国家统计局《工业企业主要经济指标》 |
| 6.7 | 地毯、挂毯制造 | 国家统计局《工业企业主要经济指标》 |
| 6.8 | 珠宝首饰及有关物品制造 | 国家统计局《工业企业主要经济指标》 |
| 6.9 | 其他工艺美术品制造 | 国家统计局《工业企业主要经济指标》 |
| 7 | 设计服务 | |
| 7.1 | 建筑设计服务 | 住房和城乡建设部《全国工程勘察设计统计公报》 |
| 7.2 | 专业化设计服务 | 国家统计局、中宣部《文化及相关产业统计概览》 |
| 7.3 | 集成电路设计 | 中国半导体行业《集成电路产业运行报告》 |
| 8 | 文化休闲娱乐服务 | |
| 8.1 | 旅游服务 | 国家旅游局《全国旅行社统计调查情况公报》 |
| 8.2 | 休闲娱乐服务 | 文化部《文化发展统计公报》 |
| 8.2.1 | 网吧 | 国家统计局、中宣部《文化及相关产业统计概览》 |
| 8.2.2 | 娱乐场所 | 国家统计局、中宣部《文化及相关产业统计概览》 |
| 8.3 | 摄影扩印服务 | 商务部《人像摄影发展报告》 |
| 9 | 文化用品设备生产销售及其他辅助服务 | |
| 9.1 | 文化用品 | 国家统计局《工业企业主要经济指标》 |
| 9.1.1 | 文教用品 | 国家统计局《工业企业主要经济指标》 |
| 9.1.2 | 体育用品 | 国家统计局《工业企业主要经济指标》 |
| 9.1.3 | 乐器 | 国家统计局《工业企业主要经济指标》 |
| 9.1.4 | 玩具 | 国家统计局《工业企业主要经济指标》 |
| 9.1.5 | 游艺器材 | 国家统计局《工业企业主要经济指标》 |
| 9.2 | 文化设备 | 国家统计局《工业企业主要经济指标》 |
| 9.3 | 印刷复制服务 | 国家统计局《工业企业主要经济指标》 |

# 春晓晨星，将以有为

文 | 姬连强[34]

我们处在一个融合发展的大变革时代，一个努力探索创新构造未来的时代。站在人文与科技十字路口，构思中国文化产业发展的蓝图，我们重任在肩。

首先，"中国梦，梦有根"。习近平总书记指出，"没有文明的继承和发展，没有文化的弘扬和繁荣，就没有中国梦的实现。[35]"未来，大力发展文化产业承载着大国复兴的根基建设重任，也是我们这代人对优秀的中国传统文化的传承与交代。

其次，在中国经济与社会转型的关键时期，文化产业有条件、有能力、有责任承担转型的排头兵角色。尤为重要的是，在改革进入"走向共同富裕"的战略阶段，供给侧结构性改革的核心是重视有效供给，其根本是生产力水平和供给端创新力所决定。文化产业的自身特性决定了，在知识创新的基础之上努力推进供给创新，文化产业在自身创造出更高的经济效益的同时，也可以对各行各业形成显著的经济拉动效应；借助文化附加值以提升市场整体的经济回报率和劳动者回报率。唯有从供给端创新提升劳动者回报，才能从根本层面实现改革开放总发展目标和"中国梦"的实现。

第三，技术创新浪潮推动了产业融合发展，相比于传统发展模式和全球领先企业模式，国内文化产业的创新和发展压力十分艰巨。关于这一点，必须清醒认知到。2016年5月，中共中央、国务院印发《国家创新驱动发展战略纲要》提出六大发展转变：

从以规模扩张为主导的粗放式增长向以质量效益为主导的可持续发展转变；发展要素从传统要素主导发展向创新要素主导发展转变；产业分工从价值链中低端向价值链中高端转变；创新能力从"跟踪、并行、领跑"并存、"跟

---

[34] 北京市文化中心建设发展基金管理有限公司总经理
[35] 摘自《关于建设社会主义文化强国》，选自《习近平总书记系列重要讲话读本》。

踪"为主向"并行""领跑"为主转变；资源配置从以研发环节为主向产业链、创新链、资金链统筹配置转变；创新群体从以科技人员的小众为主向小众与大众创新创业互动转变。

推动文化产业创新发展，一方面要结合商业发展趋势，高度重视技术创新和商业模式创新，推动文化产业成为各行各业转型发展的融合剂和连通器，充分挖掘文化产业和虚拟经济的增加值。另一方面，结合文化产业价值链要素管理，重点推进优势利基市场建设和产业价值链要素重构，以及为促进文化产业与其他产业融合发展的云服务、大数据等基础设施的要素建设。

第四，从深化改革、产业政策、鼓励创新、人才建设等方向，支持文化企业特别是具有全球视野和国际竞争力的大型文化集团发展。透过企业进一步做好文化产业经济管理和创新人才的培养。

第五，充分发挥金融产业的"连通器"和"加速器"作用。一方面鼓励金融业积极参与文化产业投融资，重点推进中国文化产业的知识创新、技术创新、商业模式创新和全球资源整合。借助资本手段，打造一批好内容、好创意、好思想、好IP，借此打造出具有相当水平全球竞争力的好公司，充分发挥出金融资本的发展"加速器"作用。另一方面，在参与文化产业投融资过程中，金融业应大胆创新自身的模式，将金融资本充分融入到文化产业创新的系统和体系之中，在产业价值链要素管理、利基市场打造、跨产业边界融合发展、技术创新等多方面，充分发挥出金融资本的发展"连通器"作用。着眼未来，在无边界的市场和以用户为导向的商业逻辑中，金融业和文化产业的完美交织融合，将真正成为各行各业发展及中国经济和社会转型的引导性力量。

# 关于我们

## 关于文化中心基金

北京市文化中心建设发展基金管理有限公司由北京市文化投资发展集团有限责任公司全资设立，成立于2015年8月，注册资本5亿元人民币。基金管理公司发起设立并管理"北京市文化中心建设发展基金"（简称"文化中心基金"）。基金设计总规模1000亿元，首期200亿元，根据首都文化中心的建设目标，投资于北京市文化产业功能区配套建设项目、京津冀文化要素市场建设项目、北京市市属国有文化企业并购重组项目及优秀的市场化股权投资项目等方向。

## 关于文化中心智库

文化中心智库（CCRD）由北京市文化中心建设发展基金设立并管理，文化中心智库的定位是：以战略问题和公共政策为主要研究对象；以服务党和政府科学民主依法决策为宗旨；围绕经济与社会发展和北京市文化中心建设目标，建设具有相当水准的公共研究机构，形成多层次的学术交流平台和成果转化渠道。文化中心智库致力于成为政策与市场的连通器，助力中国文化创意产业市场化改革，促进文化产业繁荣发展；促进北京文化中心建设与发展的产学研一体化业务管理体系与商业生态圈的构建；建立行业标准，推动市场联动，放大资本效应，构建全球布局。

## 联系我们

地址：北京朝阳区将台路甲2号诺金中心20层

电话：(+86)-10-56826999

电子邮件：yuan.yuan@bccf.com.cn

（京）新登字083号

图书在版编目（CIP）数据

文创. 2017/袁源等著. —北京：中国青年出版社，2017.5
ISBN 978-7-5153-4749-3

Ⅰ.①文... Ⅱ.①袁... Ⅲ.①文化产业-产业发展-研究-中国-2017
Ⅳ.①G124

中国版本图书馆CIP数据核字（2017）第109534号

出版发行：中国青年出版社
社　　址：北京东四十二条21号
邮政编码：100708
网　　址：www.cyp.com.cn
责任编辑：李　滢
编辑电话：(010) 57350320
门 市 部：(010) 57350370
印　　刷：北京科信印刷有限公司
经　　销：新华书店

开　本：700×1000　1/16
印　张：10.75
插　页：1
字　数：165千字
版　次：2017年6月北京第1版　2017年6月北京第1次印刷
定　数：1-5000册
定　价：68.00元

本图书如有印装质量问题，请凭购书发票与出版部联系调换
联系电话：(010)57350337